ANNIE BESANT

L'Avenir Imminent

Traduit de l'Anglais [illegible]
par GASTON REVEL

ÉDITIONS THÉOSOPHIQUES
1, Rue Marguerin, 1
PARIS, 14e

L'Avenir Imminent

ANNIE BESANT

L'Avenir Imminent

Traduit de l'Anglais
par GASTON REVEL

ÉDITIONS THÉOSOPHIQUES
1, Rue Marguerin, 1
PARIS, 14e

Préface de l'Édition française

PAR

ANNIE BESANT

Ces conférences furent faites devant un fort nombreux auditoire, à Londres, en juin et juillet 1911, et soulevèrent un vif intérêt dans l'esprit du public.

*En les présentant au public français, un mot devient nécessaire pour expliquer la raison pour laquelle il n'est pas fait mention du rôle que la France est appelée à jouer dans l'Ave-*nir Imminent. *Cela n'est certainement pas dû à un manque d'amour et d'admiration pour la France, mais simplement au fait que je me suis attachée, dans ces conférences, à traiter l'œuvre de la* cinquième sous-race, *dite « Teutonne », alors que la France appartient à cette* quatrième sous-race *qui s'étendit, en partant* *de la Grèce, jusque dans son actuelle patrie. Cette quatrième sous-race a pour caractéristique : l'Art, tandis que la cinquième a pour caractéristique : la Science, et la Science est plus forte, dans la race Aryenne, que l'Art, en dépit du triomphe remporté par l'Art dans le passé. La quatrième sous-race est plus près de la sixième sous-race que la cinquième.*

J'ai l'espoir que ce livre aidera l'esprit du public à se familiariser avec l'idée concernant la venue d'un Instructeur du monde et qu'il aidera aussi, dans quelque mesure, à préparer les voies de ce grand Être.

ANNIE BESANT.

Annie Besant

L'AVENIR IMMINENT

I

Changements physiques imminents

Amis,

En choisissant le sujet qui, cette année, doit faire l'objet des conférences dominicales que je me propose de vous donner sous le titre général : *L'Avenir Imminent*, j'ai eu cette impression que quelques-unes des questions concernant ce sujet s'écartent sensiblement des choses auxquelles le monde pense généralement. Alors que des questions telles que la Naissance d'une Religion Mondiale, la Venue d'un Instructeur du Monde sont assez familières au théosophe pour lui être présentées sans préambule, j'ai toutefois pensé que, pour la masse du public peu au courant des données théosophiques, une sorte d'introduction devenait indispensable afin de rendre intelligibles et rationnels, des sujets qui, sans cela, pourraient sembler obscurs. Aussi ai-je cru devoir, au cours de cette première conférence, tenter de fonder sur le sens-commun et la raison, ces espoirs qui s'étendent et se propagent dans une si grande proportion, tant dans le sein de la Société Théosophique actuelle que dans le monde qui lui est extérieur; je crois bon devoir essayer de vous montrer que ces espoirs sont basés à la fois sur une étude du passé et sur les conclusions tirées des événements du temps présent; que notre sentiment que le monde est à la veille de subir d'importants changements est justifié par la connaissance objective, par la science, et qu'il ne s'agit pas du tout d'un simple rêve d'utopiste.

En attirant votre attention sur l'imminence de changements physiques, je tiens à vous montrer que des transformations identiques se sont produites dans le passé avant ces transformations d'un autre ordre qui s'appliquent à la naissance d'une Religion Mondiale, à l'avènement d'un Instructeur du monde. Sur le plan d'un architecte, il est aisé de se rendre compte des parties de l'édifice qui sont achevées, de celles qui sont encore en voie de construction comme de celles qui ne sont pas encore sorties de terre ; le plan tout entier n'en représente pas moins qu'un seul édifice et l'on peut considérer de la même façon le plan grandiose dont la réalisation s'effectue sur le monde, champ d'évolution où se joue une grande pièce en plusieurs actes. Chacun de ces actes comporte une action qui se distingue de l'action des autres actes, mais le drame n'en suit pas moins son cours normal. Ainsi donc, dans l'histoire du monde, le passé, le présent et l'avenir, sont parties d'un même plan, chacun d'entre ces détails constituant la réalisation d'une partie du grand plan général. Cela étant, le présent devient intelligible et le futur nous offre plus d'espoir si nous comprenons qu'il est le résultat d'un passé, qu'il est relié à des événements antérieurs. Et voilà comment, tout en regardant le travail qui s'effectue aujourd'hui dans cette confusion qu'offre la construction d'un édifice, on peut se rendre compte de la mesure où se poursuit la réalisation du plan tracé, et comment on peut prévoir l'avenir, parce que nous avons eu une vision de l'ensemble.

Or, je ne connais que deux ouvrages donnant une esquisse de l'histoire entière de l'évolution de notre globe du commencement à la fin. L'un de ces ouvrages fait partie d'une série de livres antiques qui répètent tous cette même histoire issue d'un lointain passé, dans l'Inde ; il a pour titre : *Les Purânas*, mot qui signifie simplement : « antique ». On peut y lire l'histoire du monde ; mais aucune analyse n'en est donnée en dehors du déroulement des faits, du passé à l'avenir. On trouve aussi dans *la Doctrine Secrète* de H.-P. Blavatsky, une esquisse de l'histoire du monde, esquisse méthodiquement indiquée, de la naissance à la fin du monde. Ces deux ouvrages proviennent de la même source, ainsi que le prouvent les recherches des meilleurs clairvoyants qui ont étudié les annales occultes où n'existent ni passé ni futur, où tout se voit dans le présent. Ces ouvrages étant l'œuvre de grands voyants, tous deux relatent les mêmes choses et la seule différence qui les distingue consiste en ce que la terminologie de l'un est antique, que celle de l'autre est moderne. La *Doctrine Secrète* est moins obscure, moins difficile à suivre que *Les Purânas*, mais les deux textes exposent la même esquisse, esquisse sur laquelle je me propose de diriger maintenant votre attention pendant quelques instants.

J'ai conscience qu'en parcourant avec vous ces archives du passé, je puis sembler vous faire un récit quelque peu aride et n'offrant qu'un médiocre intérêt, mais s'il en est ainsi, la faute sera celle de l'orateur et non celle du sujet traité. Et, en effet, que peut-il exister de plus intéressant pour l'homme que de voir se dérouler devant lui quelques bribes de son immémorial passé ? A quelle source plus grande d'inspiration peut-on puiser lorsque l'on parvient à comprendre que vous et moi, que toutes les nations du monde, composées de « Je » et de « Vous » innombrables, ont suivi une voie déterminée, ont tissé une destinée définie, ont évolué d'une force à une plus grande et d'une connaissance à la suivante, que, de même que nous nous sommes élevés dans le passé, nous nous élèverons plus haut encore, dans l'avenir ; que, de même que nous avons évolué dans le cours des millénaires passés, nous évoluerons dans les millénaires à venir ? Ah ! si je pouvais vous transmettre seulement la dixième partie de l'intérêt et de l'inspiration que j'ai puisés moi-même dans l'étude de ces annales, noms, races, dates, en dépit de leur aridité, constitueraient dès lors pour vous une captivante histoire du passé que vous suivriez jusque dans les régions embrumées de l'avenir !

Mais passons maintenant à l'esquisse sommaire de cette histoire. Les Annales occultes nous disent que l'histoire de notre globe comporte un drame en SEPT actes.

Sept grands continents constituent la scène où se joue le drame ;

Sept grandes races, chacune sur le continent qui lui est propre, sont les acteurs de la pièce.

De même que sur une scène ordinaire, les acteurs disparaissent entre deux actes, les nations du monde disparaissent pour réapparaître, sous de nouvelles formes, d'un acte à l'autre du drame mondial.

Nous ne sommes pas, ici-bas, des nouveaux venus, nous avons vécu sur terre bien des fois, et l'histoire du passé est semblable à celle de notre enfance ; nous arrivons maintenant à la fleur de l'âge et il nous faut parvenir aux plus hautes cimes qu'il nous soit donné d'atteindre sur terre.

Je ne m'attarderai pas aux deux premiers continents ni aux races qui les habitèrent et qui, d'ailleurs, étaient à peine humaines ; ces races furent des embryons d'hommes plutôt que des êtres humains organisés tels que nous les connaissons aujourd'hui. Mais il existe quatre grands continents sur lesquels j'attirerai plus particulièrement votre attention. Deux d'entre eux appartiennent au passé et sont presque complètement disparus ; l'autre appartient au présent et sa transformation est imminente ; le dernier est celui de l'avenir, celui qui commence à émerger. Leurs noms respectifs sont tous donnés dans les *Purânas*, mais les termes sanscrits sous lesquels on les désigne sont peu faits pour nous intéresser, bien qu'en réalité l'ordre successif dans lequel ils sont indiqués mérite d'attirer l'attention ; de même que vous pourriez faire une liste des contrées de l'Europe, ces livres antiques donnent la nomenclature des continents passés et à venir, et ceux-ci sont mentionnés comme faisant partie de l'histoire du monde ; chacun d'eux a son nom. Vous reconnaîtrez facilement trois d'entre eux, — dont deux appartiennent au passé et l'autre au temps présent, — sous des noms qui, en Occident, sont plus familiers. Le premier, c'est la *Lémurie* qui s'étendait là où roule maintenant l'Océan Pacifique. L'Australie forme la partie méridionale de ce vaste continent ; la Nouvelle-Zélande y était, elle aussi, autrefois rattachée ; l'île de Pâques était un pic élevé d'une montagne en partie submergée aujourd'hui ; Madagascar était de même une partie de ce vaste pays, et, en allant vers le Nord, là où est maintenant l'Océan Pacifique, s'étendait, dans ces jours lointains, ce continent de la Lémurie dont le célèbre allemand Haeckel fait le berceau de la race humaine, ce en quoi il a raison. En effet, ainsi que je viens de le dire, les deux continents qui le précédèrent ne possédaient que des embryons d'humanité ; l'homme complet, tel que nous le connaissons, prit naissance sur le troisième, celui que nous appelons : Lémurie. Celui-ci disparut à la suite d'éruptions volcaniques, par le feu, par de terribles explosions ; la mer, en furie, se précipita dans les gouffres ouverts par les feux souterrains. Voilà comment la Lémurie fut mise en pièces, comment elle cessa d'exister du jour où elle eut achevé le rôle pour lequel elle était destinée ; les énormes vagues la submergèrent, ne laissant, çà et là, que quelques vestiges et une tradition dans la vieille histoire de l'humanité [1].

L'humanité passa ensuite à une autre période

1. Voir articles et carte dans *Le Théosophe* du 15 juin 1911. Prix : 50 cent. (N. D. T.).

de croissance ; de la race lémurienne, la troisième, — dont les purs spécimens de la race nègre sont aujourd'hui les restes, — elle passa à un autre stade de la civilisation, sur un nouveau grand continent qui, lui aussi, a disparu. Celui-ci, qui s'étendait d'Europe en Amérique, est le vaste continent de l'Atlantide. Il est à présent avéré, dans tous les milieux, que ce continent a parfaitement existé et plusieurs d'entre vous n'ignorent certainement pas que, d'après les recherches archéologiques entreprises sur la côte occidentale d'Afrique, on a mis à jour les ruines de grandes cités ; celui qui les a découvertes les indique comme témoignage évident de la haute civilisation atteinte par les Atlantes.

En envoyant ses enfants sur toute la surface du monde tel qu'il existe actuellement, les uns dans le nord de l'Amérique, chez les Indiens de cette partie du globe, les autres en Egypte où ils colonisèrent et fondèrent l'un des plus puissants empires égyptiens, d'autres encore dans le nord de l'Asie, chez les Touraniens, les Mongols, l'Atlantide contribua ainsi à la formidable extension d'une race qui forme encore la majorité de l'humanité sur la terre. Mais sa grande civilisation périt, non plus par le feu, mais par les eaux de l'Océan qui l'engloutirent et l'Atlantide ne laissa plus, dans maints pays, qu'un certain nombre de mythes et de légendes: le Déluge de Noé, le Déluge de Deucalion, et nombre d'autres récits qui se propagèrent dans le monde entier. Après plusieurs catastrophes successives et terrifiantes, l'Atlantide se morcela de plus en plus, fut submergée et périt, ce qui n'empêche qu'un grand nombre d'hommes de cette race lui ont survécu.

Un autre grand continent qui émergeait lentement fut alors préparé pour servir d'habitat à la grande race qui devait succéder aux Atlantes, c'est-à-dire à la cinquième. L'Europe qui ne fut que marécages pendant les siècles qui suivirent son émergence au-dessus de la mer, commença de s'assécher, préparant ainsi son sol à être foulé par ceux qui devaient venir l'habiter. La grande presqu'île de l'Indoustan qui avait aussi surgi au sud des Himalayas ne fut, de même, pendant longtemps, qu'un vaste marais inhabitable. Avant les Aryens, quelques nations détachées du peuple atlantéen, s'étant fait un passage dans la chaîne des Himalayas, vinrent fonder une civilisation puissante là où maintenant est l'Inde et où sont actuellement ses peuples aryens. La cinquième race, la race aryenne, fut, environ 80.000 ans avant Jésus-Christ, conduite hors de l'Atlantide (en ce qui concerne les périodes des races vous pouvez compter par millénaires et non par siècles). Quelques individus, pour échapper à l'une des catastrophes, se groupèrent sous la haute direction de leur guide, le Manou ; ils allèrent en Arabie où ils ne demeurèrent que peu de temps, puis se dirigèrent vers le nord de l'Asie pour s'installer définitivement là où s'étend aujourd'hui le désert de Gobi et où, à l'époque, se trouvait une vaste mer intérieure autour de laquelle était un sol fertile, bien fait pour qu'une grande population puisse s'établir et subvenir à ses moyens d'existence ; ce fut là le berceau de notre race, ce fut là que se forma le noyau de ce grand peuple qui devait graduellement étendre sa puissance et le nombre sans cesse croissant de ses enfants, sur les terres qui avaient surgi du fond des océans.

Avant de suivre plus avant ces émigrations, considérons le point suivant se rapportant aux continents pour que je puisse relier le continent à venir à ceux qui ont disparu comme à celui formé par l'Europe et l'Asie, héritage de la cinquième grande race. Ici, comme je ne voudrais pas que vous puissiez penser que je ne vous expose que des rêves de théosophes, permettez-moi de m'en référer à l'éminente et respectable *Bristish Association for the Advancement of Science.* La dernière réunion annuelle de sa section de géologie nous fera voir comment cette question des continents, anciens et nouveau, est traitée par les hommes de science d'aujourd'hui ; j'ai constaté que cette société étudie la formation d'un nouveau continent dans l'Océan Pacifique. Or, si vous consultez la *Doctrine Secrète,* vous y verrez que H.-P. Blavatsky déclare (et son livre parut en 1888, époque à laquelle la science était loin de penser à ce qu'elle admet à présent), qu'un nouveau continent surgirait à l'endroit même où la Lémurie fut autrefois submergée sous les flots et que, si la Lémurie fut engloutie dans l'Océan Pacifique, du fond de cet océan surgirait un nouveau continent destiné à devenir l'habitat d'une race nouvelle. Il ressort des débats de cette société que ce continent commence déjà à émerger. L'émergence rapide des îles Bogoslof, dans les parages de l'Alaska, a suscité une vive émotion chez les géologues, lesquels se disent que si le nouveau continent surgissait aussi rapidement que ces îles, il en résulterait un colossal raz de marée qui engloutirait le monde. Telle fut la question à l'ordre du jour, l'automne dernier; des détails furent aussi donnés quant à la surface et à l'emplacement probables de la nouvelle terre, qui s'étendra des îles Philippines, Japon, îles Aléoutiennes jusqu'aux îles du sud-est de l'Asie, la presqu'île de Malacca et Bornéo, sur une longueur d'environ 4.000 milles, à ne considérer que les forces actuellement en jeu. Nos hommes de science ne s'en tinrent pas là et démontrèrent qu'il existe, sous l'Océan Pacifique, un foyer qu'ils appellent l'Anneau de Feu du Pacifique, centre d'éruptions volcaniques et de tremblements de terre où les forces en jeu sont à ce point actives que, durant ces vingt derniers mois, l'on n'a pas enregistré moins de 1.071 tremblements de terre ; ceux-ci ont été si violents, amenèrent des transformations si brusques, que les officiers et l'équipage du steamer américain *Albatros* ont assisté à un colossal soulèvement qui eut pour résultat de former une île autour du pic volcanique en éruption qui, lui, fut élevé dans l'air jusqu'à environ 1.000 pieds au-dessus de la mer. On déduisit de ce fait que si un violent tremblement de terre venait à se produire sous l'Océan, il donnerait naissance à un raz de marée dans le genre de celui qui eut lieu il n'y a pas si longtemps sur les côtes du Japon et qui sema la ruine sur une longueur de bien des milles. Et si, ajoutent les hommes de science, ce continent s'élève sur une surface aussi vaste que celle prévue, avec une rapidité aussi grande et aussi périlleuse, un autre raz de marée ne sera-t-il pas généré qui emportera l'humanité et engloutira le monde tout entier sous un déluge en comparaison duquel celui de Noé ne fut rien?

Mais ce n'est pas ainsi que surviennent ces grands changements; il y a, certes, destruction, mais une destruction partielle et non engloutissement du monde entier. Sans doute, à l'époque où l'Atlantide disparut, au fur et à mesure que se succédèrent les catastrophes, des foules de gens périrent; de vastes raz de marée balayèrent les contrées avoisinantes; lorsque sa dernière île, Poseidon, s'enfonça sous les eaux, un immense raz de marée s'étendit jusque dans la Méditerranée, semant la ruine sur toutes les côtes, desséchant, par les troubles brusques qu'il amena, la mer du Sahara, si bien qu'un désert existe là où existait jadis un vaste océan. Ces grandes catastrophes du passé peuvent être certainement suivies d'autres catastrophes analogues dans l'avenir ; mais elles ne se produisent pas toutes à la fois, elles sont séparées par des intervalles de milliers et de dizaines de milliers d'années. Ces énormes bouleversements sismiques amènent des destructions locales, mais jamais ils n'anéantiront la race humaine; tandis que ce nouveau continent émergera peu à peu, des soulèvements brusques surviendront de temps à autre, une trêve d'un millier d'années succédera : durant cette trêve la race destinée à vivre sur ce continent se préparera et se formera lentement sur le continent contigu, l'Amérique.

Considérant ce fait comme l'un des prochains changements, vous pouvez constater que ces changements ne sont qu'une répétition de ce qui s'est passé autrefois au cours de la longue histoire de notre globe. D'autres continents ont sombré, d'autres ont émergé; pourquoi donc, dès lors, les cœurs des hommes seraient-ils angoissés quand la vieille histoire se répète une fois de plus sur la terre? Convulsions et catastrophes comptent parmi les moyens employés pour faire progresser l'humanité; si elles ne se produisaient pas de temps à autre, le monde deviendrait incapable de nourrir ses enfants, car le sol s'épuiserait bien vite s'il devait subvenir à la subsistance d'une si grande multitude, et si, sage mesure, la vieille terre est parfois engloutie sous les flots d'un nouvel océan, c'est pour qu'elle redevienne vierge et puisse s'élever encore, plus tard, pour la formation d'une nouvelle civilisation, pour servir d'habitat à un peuple nouveau. Oh! la nature n'est qu'un manteau dont Dieu s'enveloppe; ces catastrophes ne sont que des moyens permettant l'accomplissement de desseins plus grands. Pourquoi en seriez-vous troublés, vous qui êtes des esprits immortels? Des continents peuvent être anéantis, d'autres peuvent surgir, mais la race humaine est immortelle, dans son origine comme dans son évolution; rien ne doit donc vous effrayer, même si la terre était secouée jusque dans son centre.

Envisageant cela avec calme, sachant que ces transformations eurent lieu dans le passé et qu'elles se reproduiront dans l'avenir, portons maintenant notre attention sur les races auxquelles j'ai fait allusion et qui correspondent aux continents. Je ne parlerai ici que de notre propre race, la cinquième. Je vous demanderai toutefois de vouloir bien me suivre et de voir cette race dans l'Asie centrale, berceau d'où partirent ses rameaux qui allèrent conquérir le monde, héritage qui lui était dévolu. Deux de ces rameaux — ou sous-races — ont à peu près disparu. Celle que nous appelons la seconde sous-race, issue de la Race-Mère, émigra en Arabie, en Égypte, en Afrique, édifia de vastes empires; elle n'existe plus maintenant et n'est plus représentée que par certains types d'Arabes et quelques tribus alliées au peuple arabe. Nous pouvons la négliger; elle n'a plus d'histoire.

Vint la troisième sous-race, l'Iranienne, qui fonda le puissant Empire de Perse, non pas le dernier empire de Cyrus et de Darius, mais cet antique empire qui dura pendant 28.000 ans en Perse et en Mésopotamie. Cette sous-race, elle aussi, est à peu près disparue; il n'en reste guère que les 80.000 Parsis de l'Inde, seuls représentants de cette splendide race qui sut édifier un empire si grand.

Suivent deux rameaux de la Race-Racine, ce sont les quatrième et cinquième sous-races. Elles quittèrent l'Asie centrale il y a quelque 20.000 ans; la quatrième se fixa en Géorgie, en Arménie, dans le Turkestan, descendit en Asie Mineure et donna naissance à de nombreuses nations connues dans l'histoire. Les

Grecs, les plus anciens Grecs de l'histoire appartenant à la pure race grecque, sont ceux que l'on connaît communément sous le nom de Pélasges ; d'après les prêtres qui parlèrent à Platon, ce furent eux qui repoussèrent la grande invasion des Atlantes quand ceux-ci se dirigèrent vers la conquête de l'Égypte en menaçant la Grèce antique; ces anciens Grecs furent les premières familles européennes issues de la grande race-mère, familles qui pénétrèrent en Europe environ 10.000 ans avant Jésus-Christ.

La cinquième sous-race, qui avait quitté l'Asie centrale à peu près en même temps que la quatrième, se dirigea plus au Nord, se fixa sur les versants septentrionaux du Caucase où elle demeura de longs siècles durant, soit à peu près 11.500 ans.

La quatrième sous-race pénétra en Europe par la partie méridionale ; ce fut elle qui amena la Grèce à son apogée en y faisant fleurir les arts et une splendide littérature ; ce fut elle aussi qui fonda la République et l'Empire de Rome. Puis elle se répandit en Espagne, nation qui faillit fonder un Empire mondial lorsqu'elle eut envoyé ses enfants au delà de l'Atlantique, à la conquête du Mexique et du

Pérou ; elle y serait parvenue sans les fautes dont elle se rendit coupable par l'institution de l'Inquisition, l'expulsion des Juifs et des Maures et par toutes ces cruautés qui firent chanceler son gouvernement. Car il y a une justice qui pèse les agissements des nations aussi bien que les actes des individus ; aucune nation ne peut aller contre l'équité, contre la magnanimité, et espérer conserver en même temps le rang qu'elle occupe parmi les premières nations du monde.

Cette même grande sous-race se dirigea ensuite vers la France, peupla les Iles Britanniques et s'arrêta pendant de nombreuses années, apportant la civilisation dans les pays conquis.

Dans l'intervalle, son successeur, la cinquième sous-race, venue en Europe environ 1.500 ans plus tard, s'installa tout d'abord en Pologne et, comme les marais de l'Europe centrale s'étaient peu à peu transformés en une terre sèche et fertile, elle y envoya une vaste famille de Slaves ; de là sont issus les Lettes, Lithuaniens, Prussiens, les grands peuples germains, et enfin les Goths et les Scandinaves.

Ces deux sous-races incarnent deux types très différents l'un de l'autre ; de même que nous notons, dans la Race-Mère, une différence très marquée entre nous, par exemple, et les Mongols ou les Touraniens, type racial, l'on peut faire la même distinction entre Celtes et Teutons dont les traits, l'angle facial, la couleur, diffèrent les uns des autres. Le Celte a la tête ronde, les cheveux noirs, les yeux noirs, un corps plutôt délicat et petit ; le Teuton a la tête beaucoup plus allongée, les cheveux blonds, les yeux bleus ou de couleur claire, un corps massif et de taille plutôt grande. Par suite de croisements successifs, le type originel s'est en grande partie perdu, mais si nous observons l'Italien et le Scandinave qui, eux, ont conservé le type primitif, l'on remarque immédiatement la différence qui existe entre ces deux grandes sous-races qui ont fait de l'Europe leur demeure.

Si maintenant nous continuons de suivre ces sous-races dans leur extension, nous les voyons s'étendre peu à peu sur le monde entier ; cela est spécialement le fait de la dernière, la cinquième, la sous-race teutonne. Vous voyez les Goths et les Scandinaves, — qui appartiennent à cette race, — fonder nations et royaumes au nord de l'Europe, mais la sous-race ne se fixe pas là et se répand sur toutes les surfaces du globe. Vous la voyez franchir l'Océan pour débarquer en Amérique où elle fonde cette puissante République occidentale et cet État du Canada qui devient de jour en jour plus puissant ; après avoir traversé l'Atlantique, elle franchit les mers du sud, colonise l'Australie et la Nouvelle-Zélande, s'empare d'une partie du sud de l'Afrique et se mêle au sang hollandais là où, de nos jours, s'édifie une puissante Fédération. Non contente de s'étendre en de nombreuses colonies, et de faire de la langue anglaise la langue qui, plus que toute autre, se parle dans le monde civilisé, nous la voyons encore se répandre en Asie, et là, se pose une question du plus haut intérêt au sujet de laquelle je m'étendrai tout à l'heure. Avant d'en parler, car cette question se rapporte à l'immense empire de la cinquième race, je tiens à vous apprendre que la cinquième race ne sera pas la dernière ; elle sera suivie d'une sixième et d'une septième. La race teutonne incarne la cinquième subdivision de la grande race aryenne et deux autres subdivisions sont appelées encore à apparaître, à grandir, à évoluer. Pour nous en référer une fois de plus à la *Doctrine Secrète* nous voyons H.-P. Blavatsky nous déclarer que la sixième subdivision de la cinquième race se développera graduellement en Amérique, que c'est

plus grandes promesses pour l'avenir du monde. Cette race est la sixième sous-race, la sixième subdivision de la grande race aryenne, et c'est en elle que résident toutes les promesses de l'avenir, c'est elle qui, dans l'humanité, donnera naissance à la prochaine Race-Racine, celle même qui est destinée à s'établir sur le continent qui commence à émerger au-dessus des eaux de l'Océan Pacifique.

Vous avez donc là, et provenant de sources absolument étrangères à la Société Théosophique, les preuves qu'un nouveau continent doit surgir, qu'une nouvelle race doit naître, événements dont les signes se manifestent par les bouleversements qui s'effectuent autour de vous, mais qui passent inaperçus dès l'instant où vous n'en voyez pas la valeur. Et c'est précisément en cela que le théosophe possède un avantage sur la plupart d'entre vous ; il a étudié l'histoire du passé, il s'est familiarisé avec les annales qui racontent cette histoire, il a vu le plan grandiose, en a observé l'esquisse. Lorsqu'une petite partie se détache, telle une pièce du jeu de *puzzle* d'un enfant, il vous arrive de vous demander ce que cette petite pièce, quand elle est séparée du reste, peut bien représenter : mais si vous avez vu le tableau, l'assemblage complet, vous saurez très bien à quel endroit devra s'ajouter la pièce au milieu de toutes les autres. De même, en étudiant le grand tableau, nous en reconnaissons les fragments au fur et à mesure qu'ils apparaissent, nous connaissons les endroits qu'ils occuperont dans l'ensemble, le plan indiquant nettement leur utilité et chacun de ces fragments ayant sa place dans la grande mosaïque.

Et nous voyons ainsi la naissance d'une sous-race, l'apparition d'un nouveau continent.

Mais que doit-il advenir avant que cette race grandisse en puissance, durant ces milliers de milliers d'années qui s'écouleront avant que ce nouveau continent soit prêt à recevoir la nouvelle humanité ?

D'autres changements s'effectuent sous nos yeux. Quelle est leur signification ? D'après vous, — et les plus âgés seront certainement de mon opinion, — l'un de ces changements est le sentiment que vous avez d'un revirement dans votre attitude à l'égard des colonies comme d'un changement dans l'attitude des colonies à votre égard. J'ai parlé des grandes transformations apportées par l'extension de la cinquième sous-race. Quand j'étais jeune fille, élevée dans une famille appartenant au parti des Whigs, j'eus maintes fois l'occasion d'entendre, au sujet des colonies, des remarques absolument différentes de celles qu'on fait aujourd'hui : on en parlait comme à regret, on exprimait le désir de les voir se séparer de nous en instituant, à leur choix, royaumes ou républiques pour réclamer ensuite leur autonomie. On ne les considérait pas comme faisant parties du puissant Empire ; ils n'étaient plus des enfants de la mère-patrie ceux qui, bien que vivant dans une autre partie du monde, conservent pourtant des liens étroits et affectueux avec le pays d'où ils sont issus. Dans les colonies elles-mêmes, ce sentiment était partagé ; leur rêve, c'était l'indépendance, la séparation ; chacune réclamait *son pays*, sa nation, son peuple. Combien cette attitude a changé depuis lors ! Aujourd'hui, l'amour pour la Mère-Patrie règne dans toutes les colonies : la patrie, par delà les mers, envoie son affection à tous ses nombreux enfants disséminés sur toute la surface du globe. Ceux-ci viennent de toutes les parties du monde pour se réunir lors des grandes conférences impériales. Qu'aurait-on pensé, dites-moi, d'une conférence impériale, à l'époque où ceux de ma génération n'étaient encore que des enfants ? Un Conseil

Impérial n'est pas une simple conférence ayant lieu de temps à autre, mais un conseil permanent où sont représentées toutes les parties qui constituent l'Empire ; les représentants n'y viennent pas pour quelques semaines, ils sont attachés au conseil d'une façon permanente, régulière, et il n'y a de la sorte qu'un seul Empire, qu'un seul Conseil supérieur réglant et fixant tout ce qui concerne cet Empire. Ah ! si, il y a une centaine d'années, ce sentiment avait existé en Angleterre et dans ses colonies, nos frères américains n'auraient pas fait le commerce du thé dans le port de Boston, ni entrepris la révolution d'Amérique. Ces colonies feraient encore partie de l'Empire, attachées qu'elles seraient à la Mère-Patrie, par des liens d'étroite affection. Cette grande erreur qui consiste à employer la tyrannie et à faire naître la résistance, ne sera plus tolérée dans cet Empire car la leçon a été apprise une fois pour toutes et plus besoin ne sera d'y revenir désormais.

Une autre leçon, pourtant, reste encore à apprendre. J'ai parlé de la Race-Mère, de la terre qui lui a servi de berceau ; celle-ci se dépeupla complètement il y a 8.000 ans par suite des nombreuses immigrations qui traversèrent les Himalayas et qui amenèrent la grande race aryenne dans l'Inde. Ces incursions, dont le début remonte à 18.000 ans avant Jésus-Christ, prirent fin 10.000 ans avant Jésus-Christ, et, depuis, la race aryenne s'est augmentée, multipliée, au point que cette vaste contrée qu'est l'Inde s'est peuplée des rejetons de cette race.

Nombreux sont ceux qui essayèrent de conquérir et de gouverner l'Inde, entre autres les Grecs qui furent repoussés mais qui, néanmoins, laissèrent derrière eux des traces précieuses de leur passage. La conquête d'un pays n'est pas un mal ainsi qu'on est généralement porté à le croire ; il s'ensuit un mélange des peuples et un échange réciproque de connaissances. Les Grecs qui conquirent l'Inde d'où ils furent ensuite chassés, influencèrent grandement l'art hindou auquel ils ajoutèrent plus de charme, plus de grâce. Après eux, vinrent les Mongols qui édifièrent là leur vaste empire et descendaient du Turkestan et d'autres parties de l'Asie. Tel un formidable torrent, ils envahirent l'Inde, fondèrent ce vaste empire dont Delhi fut la capitale et vécurent au milieu du peuple hindou. L'Inde, pourtant, les a conquis plus qu'ils n'ont, eux, conquis l'Inde car, ce ne sont plus, désormais, des étrangers ; ils se sentent chez eux dans cette patrie de l'Inde et les petits-fils des conquérants d'antan sont fiers aujourd'hui d'être Hindous, car c'est dans cette contrée qu'ils ont grandi, vécu, et ils ne la quitteront jamais plus parce qu'ils en ont fait leur patrie.

De nombreuses nations d'Europe y vinrent aussi ; les Hollandais y fondèrent plusieurs colonies, mais qu'en reste-t-il à présent ? Les Portugais et les Espagnols y ont encore quelques possessions. Les Français y firent aussi une incursion, mais que sont devenues les colonies françaises ? Pondichéry et Chandernagor, ce sont là les seules possessions dont la France puisse se réclamer sur le sol de l'Inde. Puis ce fut le tour de l'Angleterre, le plus jeune enfant de la Race-Mère ; il s'est développé là, y a accru sa puissance, s'est répandu sur la terre hindoue et a fini par conquérir le peuple grâce à l'aide que ce même peuple hindou lui apporta. Oh ! vous ne devriez jamais oublier cela ! Vous n'auriez jamais eu l'Inde si vous aviez été réduits à vos seules forces ; vous ne l'avez conquise que parce que nombre de ses enfants désiraient votre venue parmi eux, c'est pourquoi ils s'allièrent à vos armées. J'ai lu, dans un journal anglais, la phrase suivante :

« Nous avons conquis l'Inde par l'épée et c'est par l'épée que nous la conserverons. » Eh bien ! non ! ce n'est pas par l'épée que nous l'avons conquise ! mais bien par une alliance avec un grand nombre d'Hindous et vous ne sauriez la conserver sans leur assentiment. Le dernier Vice-Roi des Indes, Lord Minto, a exprimé une grande vérité en disant : « Si l'Inde ne voulait pas de nous, nous ne resterions pas trois semaines chez elle. » Rien de plus juste : en effet, les Anglais sont quelques milliers et les Hindous plusieurs millions. Ah ! n'oubliez jamais cela lorsque vous blâmez les agissements du gouvernement anglais dans l'Inde ; ce gouvernement ne saurait exister sans la volonté de l'Inde. Sans doute, rencontre-t-on, çà et là, quelques cerveaux échauffés qui voudraient voir se briser les liens qui les attachent à l'Angleterre, chose qui, si jamais elle se produisait, serait la faute de l'Angleterre.

Vous ne pouvez maintenant laisser l'Inde en dehors de l'Empire Mondial que vous érigez ; c'est en cela que l'administration de vos colonies commet une terrible erreur, grosse des conséquences les plus graves. Il n'existe, sur terre, aucune contrée où l'Hindou puisse voyager librement, sauf dans les colonies anglaises ou dans les pays que protège le drapeau de l'Angleterre. Comprenez-vous bien ce que cela signifie ? Un Japonais peut débarquer dans la Colombie Britannique s'il a 50 dollars dans sa poche ; par contre, si un Hindou qui, lui, est citoyen du grand Empire, désire se rendre dans cette même contrée, il doit, s'il veut débarquer, avoir 200 dollars en poche. Tout Oriental peut voyager dans le Canada excepté l'Hindou. Celui-ci doit venir directement de l'Inde, sans quoi on ne le laissera pas débarquer. C'est ainsi que s'il a des amis établis aux États-Unis, il ne peut aller les voir et revenir ensuite dans le Canada. Il y a un autre à-côté à la question du gouvernement autonome des colonies et qui mine l'Empire des Indes, car l'Inde se rend parfaitement compte qu'elle est traitée en paria sous le drapeau même dont on lui demande d'être fière et pour la défense duquel on lui demande aussi de verser à l'occasion son sang. Vous auriez perdu l'Afrique du Sud si les Hindous n'étaient venus s'y faire tuer et soigner vos blessés sur les champs de bataille. Depuis bien des années, les Hindous luttent avec l'espoir de pouvoir jouir un jour de quelques avantages et ils sont honteusement traités sous le gouvernement autonome de l'Afrique du Sud. Rappelez-vous bien tout cela, et dites-vous bien aussi qu'un Empire véritablement Impérial et Mondial est impossible si l'Inde n'en est pas partie intégrante, et c'est vous qui avez rendu indispensable cette condition. La jeune nation qu'est l'Inde travaille à l'unité de l'Inde, parce que vous lui avez enseigné les moyens d'arriver à la liberté et que vous lui avez donné une langue unique. Oh ! ne vous préoccupez pas de cette mince poignée d'insensés ; poussés au crime par certains de leurs aînés qui, eux, s'abritent en Europe, ils se sont sacrifiés croyant être de véritables patriotes alors qu'ils ne sont que des criminels, cruelle illusion pour les égarés et ceux qu'on trompe ainsi. De grâce, n'y pensez pas ! ils ne sont qu'une poignée ; pensez plutôt aux millions d'Hindous qui aiment et honorent l'Angleterre, soutiennent son empire et vénèrent son drapeau.

Il y a aujourd'hui deux hommes, ici, en Angleterre qui ont fait plus pour toucher le cœur de l'Inde et l'attacher à la nation anglaise, que qui que ce soit au monde. L'un est le Prince de Galles qui a parcouru l'Inde tout entière et qui, dans un discours au Guildhall, a déclaré que l'Inde devait être gouvernée avec sympathie ; aujourd'hui, sous le nom de George V, il est devenu Roi d'Angleterre et Empereur des Indes ; que Dieu le conserve ! L'autre, le Vice-Roi, lequel vient de quitter le pays de l'Inde, est Lord Minto qui sut rester ferme et calme au milieu du danger ; il eut le tact d'avoir confiance dans les Hindous au moment même où les meurtres se multipliaient dans la capitale, en conservant autour du palais gouvernemental, une garde hindoue ; d'autres, à sa place, y auraient posté des Écossais après avoir chassé la garde hindoue. Comment l'Inde aura-t-elle confiance en nous, dit-il, si nous-mêmes n'avons pas confiance en elle ? Et au moment précis où il prononçait ces paroles, sa vie et celle de sa femme étaient en danger, ce qui ne l'empêcha pas d'avoir cette certitude que l'amour et la confiance sont des armes autrement puissantes que la crainte et la suspicion. Vous ne connaissez pas toujours vos plus grands hommes, et la dette contractée par l'Empire envers celui dont je viens de vous parler sera bien difficile à acquitter.

∴

Et maintenant, un grand changement se préparo. Pour la première fois dans l'histoire du monde, un monarque d'Occident sera couronné en Orient. Celui qui, dans quelques jours, siégera à Westminster, su. l'antique pierre, pour y être couronné et oint Roi, lui, profond homme d'État à l'esprit impérial, se rendra bientôt dans cette capitale à la fois hindoue et musulmane. Là, une fois de plus, la couronne sera posée sur son front, il sera sacré Empereur des Indes. Un fait semblable ne s'est jamais présenté dans l'histoire ; jamais un tel honneur n'a été fait à aucune partie de l'Empire et quand, par cette cérémonie, l'Angleterre et l'Inde auront été unies par le plus puissant des liens, celui de la pensée et du cœur, ne pouvez-vous voir là la promesse d'un grandiose Empire auquel se joindront l'Orient et l'Occident, tous deux échangeant leurs qualités respectives ? De ce changement dans la politique, résultera un changement pour l'Inde. Les fonctionnaires anglais de l'Inde, excellents, bien qu'on puisse à bon droit les accuser de plus d'une erreur, s'efforcent actuellement, honnêtement, bravement, très sincèrement, de s'accommoder de la nouvelle situation et de faire preuve de sympathie au lieu de se tenir à l'écart du peuple hindou. Vice-roi, gouverneurs et autres fonctionnaires, tous, les uns après les autres, ont fait appel à la courtoisie, à la douceur, au respect mutuel, et cette administration se prépare loyalement à accepter les conditions nouvelles et à exécuter ce que les gouvernants auront décrété. Il y a donc lieu d'espérer qu'un avenir meilleur est réservé aux colonies. Puissent les colonies ne pas détruire cet espoir !

Mais au milieu de ces changements imminents qui doivent survenir sur la surface du globe, il est de toute importance que les hommes comprennent bien comment naissent les Empires et comment se développent les nations. Ce vaste Empire Mondial de la cinquième Race-Mère aura comme centre l'Angleterre et les Indes; les grandes nations d'Amérique et d'Allemagne lui serviront de chaque côté de contreforts. L'Amérique se rapproche toujours davantage de nous. L'Allemagne ne se rattachera-t-elle pas aussi à notre pays par les liens de la Paix ? Et quand la Grande-Bretagne, l'Amérique, l'Allemagne, l'Inde et les grandes colonies seront alliées par un traité de paix, qui osera rompre cette paix proclamée par la terre tout entière? Qui osera parler de guerre dès l'instant où une coalition pareille aura désiré le maintien de la Paix ?

En considérant, autour de nous, tous ces changements, en essayant de saisir ce à quoi ils sont destinés, et en les regardant non comme des faits isolés, mais comme faisant partie du plan divin, il nous sera facile de comprendre que sous l'idée d'une Religion mondiale et sous l'influence des préparatifs faits pour la venue d'un Instructeur du monde, les nations sont plus enclines à se rapprocher les unes des autres, que le globe se transforme peu à peu pour l'avenir et pour la race qui s'y établira. Et tandis que ces transformations s'effectuent lentement, s'élève le puissant Empire de la cinquième Race-Racine. Oh! si vous désirez qu'il en soit ainsi, sachez que ce désir implique responsabilité, devoir, droiture. Si vous voulez vivre dans un Empire durable, il vous faut évoluer jusqu'à cette liberté qui se maîtrise elle-même, et apprendre que dans le seul service de la race réside la parfaite liberté.

II

Le développement d'une Religion Mondiale

Il y a peu de temps, je parlais à Manchester sur le sujet même que je vais traiter ce soir. Une question fut posée depuis dans une lettre fort intéressante adressée à l'éditeur de *Christian Commonwealth*[1]. Il s'agissait de savoir si la définition que je donnais d'une religion mondiale, — c'est-à-dire : la synthèse de toutes les religions du monde, — enfermait plus de vérité que la définition selon laquelle cette religion mondiale sera le triomphe d'une seule : le Christianisme? En parlant du Christianisme, le correspondant employait évidemment ce terme dans son acception la plus large et la plus libérale, mais croyant, disait-il, qu'une religion qui succède à d'autres, dans l'histoire du monde, est en progrès sur toutes celles qui la

1. Grand journal de Londres qui publia toutes ces conférences. (N. D. T.).

précédèrent dans l'évolution de la pensée religieuse ; par conséquent, le Christianisme étant la dernière venue des grandes croyances, il serait raisonnable de penser que le Christianisme est appelé à devenir en quelque sorte le couronnement de toutes les autres religions, ce qui constituerait ainsi la Religion Mondiale.

A strictement parler, le Christianisme n'est pas la dernière des religions qui soit apparue dans le monde ; au point de vue chronologique, en effet, Mahomet, le grand prophète arabe, est, de plusieurs siècles, postérieur au Christ.

Je vais essayer de vous montrer ce soir que nous pouvons, je crois, avoir un certain aperçu de la Religion Mondiale et nous rendre compte, dans les grandes lignes, comment elle se présentera à l'intellect et au cœur de l'homme. En tant qu'il s'agit de toutes les religions du monde, je crois que les hommes de chacune d'entre elles trouveront dans la Religion Mondiale l'âme de leur propre croyance. Cela ne sera pas une question de différence entre telle ou telle foi, entre tel prophète et tel autre, mais, dans chaque religion, les esprits les plus nobles, les plus libéraux, ceux qui auront, plus que d'autres, une conception plus large du divin et qui, par suite, ont le plus, l'amour du prochain, ce sont ceux-là qui sauront discerner, dans la Religion Mondiale, tout ce qu'il y a de beau et de noble dans leur croyance particulière ; chacun aura le sentiment qu'il y trouve sa propre foi portée au plus haut degré de gloire, de splendeur.

∴

En étudiant maintenant le passé et en considérant les tendances actuelles, je vais m'efforcer, dans la mesure de mes moyens, de vous indiquer comment nous pouvons voir se développer graduellement, autour de nous, cette religion qui sera celle du monde entier. Je n'ai naturellement pas la prétention de croire que l'aperçu bien imparfait de la religion mondiale que je vais exposer soit complet et revête la beauté, l'aspect merveilleux qu'il prendra par la bouche de l'Instructeur du monde. Je n'espère pas non plus vous décrire ce que Sa divine conscience révélera ; non, je désire seulement, moi, le plus humble de Ses disciples, vous donner une idée du plan grandiose que Lui, le Maître, exposera avec cette exquise fermeté que seul possédera l'Instructeur du monde, avec une richesse de détails, avec une puissance capable de faire vibrer le cœur des hommes, autorité, richesse, puissance, qui ne peuvent venir que de Lui seul, car Il parle comme nul homme n'a parlé, comme nul homme ne parlera à moins d'être Lui.

Et dans le but d'exposer notre sujet avec une clarté suffisante, laissez-moi vous énoncer tout d'abord les grands traits que doit naturellement revêtir une religion, si elle veut répondre aux multiples besoins des hommes.

Tout d'abord, et de toute évidence, elle doit être une Religion, — je définirai mes termes séparément à mesure que j'y reviendrai, — ensuite, elle doit être une Philosophie ; puis elle doit apporter avec elle : l'Art ; elle doit aussi être la Science, et, enfin, il faut qu'elle soit une Morale. Tels sont, me semble-t-il, les grands traits sous lesquels se rangent toutes les aspirations humaines.

J'ai placé au premier rang, comme il convient, le mot : *Religion*.

Qu'est-ce que la Religion considérée soit au point de vue de l'histoire des religions diverses, soit uniquement en tant qu'*essence* des religions ?

Les religions diverses sont les réponses que Dieu fait aux hommes par l'entremise de ceux en qui la divinité se manifeste avec plus d'intensité que chez les autres. L'homme n'a jamais cessé de chercher à connaître la source d'où il émane, à connaître d'où vient la vie en lui, vie immortelle, que dis-je, éternelle et divine ; et chaque Religion est la réponse que l'Esprit universel fait à ses enfants qui Le cherchent. De même que l'eau qui descend de sa source tend à remonter à son niveau primitif et s'élèvera toujours à la hauteur de cette source à moins qu'elle ne rencontre des obstacles, de même l'Esprit de l'homme, étant d'essence divine, cherche toujours à s'élever au niveau du Divin qu'il cherche à comprendre. La preuve la plus convaincante que l'homme est fondamentalement divin, c'est la recherche qu'il poursuit, de temps immémorial, pour trouver le Dieu qui l'a généré.

Tel est le véritable sens du mot : *Religion*. Son essence n'est pas dans les rites ni dans les cérémonies ; l'homme les a inventés et les inventera encore ; elle n'est pas davantage dans les églises, l'homme les a édifiées ; fussent-elles toutes en ruines, l'homme pourrait les reconstruire ; elle n'est pas non plus dans les livres saints car, eux aussi, proviennent des mains des hommes agissant sous l'inspiration que Dieu a donnée aux prophètes et ces livres, fussent-ils tous balayés du monde, l'inspiration d'où ils sont issus pourrait les écrire encore. Non! l'essence de la Religion est la connaissance de Dieu qui est Vie éternelle. La Religion est cela et rien moins. Toute autre chose n'est que superficielle, n'est que superflue, sauf ce qui concerne les aspirations de l'homme. L'essence de la religion est la connaissance de Dieu; Dieu connu, les hommes peuvent édifier tout le reste. La Religion Mondiale sera, dans sa véritable essence, un moyen d'atteindre cette connaissance; de plus, elle proclamera l'immanence de Dieu comme base de son enseignement.

Qu'est-ce que l'immanence de Dieu? C'est que dans ce qui vit au sein d'un univers où tout est vivant, la vie Universelle qui est Dieu est présente, est soutien et conservation de tout. Il est dit dans la *Bhagavad-Gita*: « Il n'est rien de mobile ou d'immobile qui puisse exister en dehors de Moi. » Et il n'est rien dans le vaste univers reflétant dans son immensité toute cette infinité dont il est une image — si imparfaite soit-elle, — rien dans tous les systèmes des mondes, dans les innombrables soleils, dans l'espace sans limites, dans les vies sans nombre, rien, du grain de sable le plus infime jusqu'au Logos d'un système, il n'est rien qui puisse exister en dehors de la Vie qui est la racine et le soutien de tout ce qui est. Si vous désirez sentir cette vérité plus encore, — car l'infinité de l'espace est terrifiante et ne réchauffe pas le cœur humain, — pensez alors à tout ce que vous aimez le plus, à tout ce que vous admirez le plus, à tout ce qui vous est le plus précieux : le regard de l'époux, le sourire de l'enfant, la fidélité de l'ami, la splendeur de la nature, le mouvement de l'Océan, le calme de la nuit par un ciel étoilé, tout ce qu'il y a de plus beau, de plus splendide, tout ce qui réconforte votre cœur et réjouit votre vie, — tout cela c'est Dieu incarné dans l'objet vivant,... et tout cela est beau, exquis, et n'est pourtant que le reflet de son sourire et de sa puissance.

C'est là ce qui constitue l'immanence de Dieu ; cette immanence formera la pierre angulaire de la religion de l'avenir, la Religion Mondiale de demain. Toutes les religions enseignent cette doctrine, malheureusement, elles n'ont pas sur l'humanité l'influence qu'elles devraient avoir.

A l'enseignement de ce grand principe, succédera celui qui concerne l'existence d'un Instructeur des anges et des hommes, d'un puissant Instructeur qui révèle Dieu à l'homme et l'homme à Dieu. C'est cet Être sublime que le Christianisme désigne sous le nom de Christ et dont l'Orient parle comme étant l'essence de la Sagesse, le Seigneur d'amour et de compassion. Certes, nombreux sont les grands prophètes chers aux cœurs des hommes, nombreux sont aussi les instructeurs, les aides de l'humanité, mais au-dessus de tous, soleil faisant pâlir les étoiles, brille avec éclat le *Maître des Maîtres*, le fondateur de toutes les religions, l'inspirateur de tous les prophètes, l'Instructeur du Monde !...

En entendant parler des religions désignées sous des noms différents, on a généralement tendance à penser qu'elles sont totalement différentes de celle que l'on professe. On ne se rappelle pas qu'un même objet est désigné différemment selon les langues employées. Si l'on vous nomme, en différentes langues, soit un homme, soit un métal ou une pierre, et que vous n'ayez pas l'objet sous les yeux, il vous serait permis de supposer qu'il s'agit d'autant de choses différentes. Le même phénomène se présente quand l'Hindou parle de l'Instructeur du monde, le Bouddhiste du Seigneur de compassion, et vous ne vous rendez pas compte qu'ils désignent Celui que vous appelez Christ et nul autre. Les termes par lesquels on Le désigne diffèrent, mais cet Être super-humain est toujours le même. Il aime toutes les religions, les bénit toutes également, envoie des messagers à chacune d'elles et il est le cœur et la vie de toutes. Oh! dites-moi, vous qui, pour la plupart, êtes Chrétiens, n'est-ce pas une chose sublime de penser que le Seigneur que vous adorez l'est aussi bien en Orient qu'en Occident? Qu'importe le nom, dès lors qu'il s'agit du même Être? Qu'importe le mot prononcé par nos lèvres d'enfants dès l'instant où toutes les paroles s'élèvent vers Lui, l'Unique? Quand l'Hindou adore Shri Krishna, il adore sans le savoir, un Être en qui ce Christ était incarné; quand le Bouddhiste élève son âme vers le Bouddha à venir, il l'élève inconsciemment vers le Christ. N'est-il pas plus grand, plus juste, plus admirable, que tous les hommages convergent vers une seule et puissante individualité et que l'homme divin de toutes les religions ne soit qu'une seule et unique personnalité, bien que ses enfants l'ignorent et ne comprennent pas l'unité qui s'impose de ce fait. Et pourtant, quand le Christ vint sur terre, sous la forme que vous savez, il prononça, dans un langage suffisamment clair, les paroles suivantes :

« J'ai d'autres brebis qui ne sont pas de cette bergerie : il faut aussi que je les amène et elles entendront ma voix, et il n'y aura plus qu'un seul troupeau et un seul berger [1]. »

Et lorsqu'il parlait ainsi, avant même que le Christianisme ne fût apparu comme une religion distincte, de qui aurait-il bien pu parler si ce n'est de ceux qui appartenaient aux autres grandes religions du monde? Et remarquez bien la façon dont il s'exprime : il a dit : « *J'ai* d'autres brebis » et non : *j'aurai*.

Comme on reconnaîtra l'immanence de Dieu, dans la Religion Mondiale, de même, aussi, y reconnaîtra-t-on un Instructeur du monde unique. Alors, sera aussi reconnue la merveilleuse phalange de ceux qui Le considèrent comme étant leur Maître, ceux dont nous parlons comme étant nos maîtres, apôtres et prophètes des diverses nations et des différents peuples, qui sont ses messagers, ses disciples et vont porter sa parole dans le monde ; tous ceux-là

1. Saint Jean, X, 16.

sont reconnus comme tels par toutes les grandes religions du monde. Le Théosophe ne fait ici que suivre les religions du monde.

Un autre point important concernant la religion mondiale et qui complète les trois que je viens de citer, c'est la voie de sainteté qui conduit à la réalisation consciente de la Divinité, à l'union avec le Suprême, enseignée par les religions de l'Occident comme par celles de l'Orient. Ici encore, la différence dans les appellations qu'on lui donne, cache l'identité de l'enseignement. Vous savez certainement tous que l'Église chrétienne enseigne une voie qui mène à ce que l'on nomme, dans l'Église catholique romaine, l'union avec Dieu. Cette voie est divisée en trois parties :

Le sentier de la purification ;

Le sentier de l'illumination ;

Le sentier de l'union.

La purification est ce qu'il faut réaliser en premier lieu ; puis vient l'illumination, stade auquel la lumière divine commence à dissiper les ténèbres de l'âme, lumière qui jaillit occasionnellement pour devenir peu à peu constante en éclairant toutes choses. Suit enfin la communion avec Dieu, l'union consciente du Dieu intérieur avec le Dieu extérieur.

L'Hindou et le Bouddhiste enseignent le même sentier. Chez eux, la voie de purification des Chrétiens s'appelle le Sentier de probation : le sentier de l'Illumination : le Sentier de sainteté, sur lequel s'ouvrent les cinq grands portails de l'Initiation. Quant à la voie de l'union, ils lui donnent le nom de Yoga, mot qui, lui aussi, signifie : union. Non ! aucune des grandes religions du monde n'est laissée en dehors du plus grand, du plus spirituel des enseignements, et, dans la religion de l'avenir, ce Sentier sera davantage éclairé, il sera de nouveau proclamé, son existence sera perceptible à tous ; comme autrefois, les hommes le suivront ; comme autrefois, les hommes le fouleront et, bien qu'en vérité étroits sont la porte et le chemin qui y conduisent, il n'en est pas moins vrai que, de nos jours comme naguère, il y a des hommes tout prêts à le suivre ; ceux-là, par l'étude des mystères, connaissent les merveilles de la vie divine et humaine, ils constatent, comme ceux qui les précédèrent dans l'antiquité, la réalité, la possibilité de l'union de l'homme avec Dieu.

Tels sont, me semble-t-il, les points principaux de la religion mondiale, points que la conscience religieuse a nettement et clairement indiqués durant des siècles sans nombre.

Je sais que nombre de gens récusent souvent la conscience religieuse et ses témoignages. Mais pourquoi ? Ce qu'il y a au monde de plus évident n'est-il pas le témoignage de la conscience ? Le fait que vous existez est, pour vous, le seul qui ne puisse être contesté, le seul qu'aucun argument ne peut pas plus renforcer qu'ébranler. Et dans cette conscience, qui est votre vie, ce qui a répondu au Divin, l'a cherché et trouvé en est une partie qu'on ne saurait évincer : elle est le témoignage le plus universel de la conscience humaine ! Partout, en tous temps et en tous lieux, la conscience religieuse s'est élevée pour réclamer cette connaissance qui est aujourd'hui comme jadis le pain de vie. Si l'ignorance la rapetisse et l'aveugle, elle devient alors superstition, et celle-ci est l'ennemie le plus terrible qui soit pour l'homme. L'homme veut croire, qu'on l'en prie ou non, et la superstition, de par son caractère dégradant même, montre comment la conscience religieuse aspire à l'objet vers lequel elle tend, comment elle préférera une superstition plutôt que de ne rien admettre du tout. « Mais, me direz-vous, la conscience religieuse conduit les individus dans des directions opposées ; telle personne croit à une chose, une autre à telle autre chose. » Encore une fois, ce ne sont pas les mots qui importent, mais les faits ; ce ne sont pas les étiquettes qui doivent nous préoccuper, mais bien les résultats produits sur la conduite. Vous pouvez appeler Dieu du nom qu'il vous plaira, vous pouvez rendre au Christ un culte que vous baptiserez de tel nom que vous aurez choisi ; vous pouvez parler de votre foi dans votre langue et en dire ce que bon vous semble, si celle-ci vous incite à mener une vie juste et droite, si elle vous détourne du mal et de l'égoïsme pour vous guider vers le bien et l'amour du prochain, si la croyance en Dieu, quel que soit le nom qu'on lui donne, rend les hommes héroïques, la conscience religieuse est alors divine et les noms ne sont plus d'aucune importance dès l'instant où les résultats sont identiques.

***

La religion de l'avenir doit aussi avoir une *Philosophie*.

Qu'est-ce que la Philosophie ?

C'est une réponse qui satisfait la raison en tout ce qui concerne les grands problèmes de la vie. Tel est ce qu'on entend par philosophie ; celle-ci doit satisfaire la raison et elle doit montrer l'unité cachée sous l'infinie diversité des faits que la science a observés. Percevoir l'unité dans l'infinité des formes, voir l'unité au sein de la diversité et satisfaire ainsi la raison : tel est l'objet de la philosophie.

Dans un sens général, tous les systèmes de philosophie se divisent en deux grandes écoles : l'école matérialiste, d'une part, et l'école idéaliste d'autre part. L'une voit dans la matière la source et la racine de toutes choses ; l'autre reconnaît que la vie est l'agent créateur de la matière et qu'elle en est le maître. C'est sous l'un ou l'autre de ces deux étendards que se groupent inévitablement les philosophies issues de la raison humaine.

Or, la philosophie de la religion mondiale doit être, sans contredit, idéaliste, car elle doit poser l'existence de l'Esprit comme base de tout ce qui est, l'immanence de Dieu comme fondement de ces choses.

Parcourons rapidement ses réponses aux grands problèmes.

Quelle est la constitution de l'univers ?

L'Univers est la manifestation de la pensée divine ; la pensée de Dieu s'incorpore dans les formes-pensées que nous appelons : mondes. Bruno a dit : « L'acte de la pensée divine est la substance de l'univers », et je doute fort qu'aucune philosophie puisse dépasser en précision cette phrase. Ce qui gît au fond de toute manifestation et qui se montre sous le double aspect de vie et matière, esprit et matière, ce qui gît au fond de toutes choses, c'est la pensée divine. Si cette pensée cessait tout s'évanouirait ; elle est l'essence, la Réalité Une, vie des mondes en voie de transformations incessantes. Lorsque l'on a, une fois pour toutes, compris que l'essence divine est à la base de tout ce qui est, nous en arrivons alors à concevoir que, de cette essence, émane, pour ainsi dire, une force double : esprit et matière. L'esprit source de vie, de toute intelligence s'individualisant dans la vie de l'objet : le même esprit *un* pour toutes les formes. La matière prenant des formes innombrables, se modelant à l'infini dans l'immense diversité des mondes qui peuplent l'espace, mais *une* dans son essence. Les formes disparaissent après avoir pris successivement des aspects différents, se transforment en présentant de la sorte un immense panorama de figures diverses : mais la matière est toujours là, immuable elle-même, matière *une* dont toutes les formes ne sont que des différenciations. Vie *une*, matière *une*; d'un côté la vie individualisée, de l'autre la matière différenciée par les formes successives qu'elle revêt; tel est le point de vue d'où la philosophie envisage les mondes. Ces mondes sont l'effet de la pensée divine se manifestant, ainsi que je l'ai dit, comme essence, comme substance: et tous les changements de formes, toutes les différences de vie sont réductibles à la vie une et à la matière une car, je le répète, la philosophie cherche l'unité en toutes choses et ce n'est qu'à partir du moment où la diversité est ramenée à l'unité que la raison est satisfaite, que l'intellect est en paix.

Qu'est-ce que le Mal?

C'est là une question à laquelle la Philosophie doit répondre.

Le mal n'est pas autre chose qu'imperfection; c'est ce qui n'est pas complet, mais qui est en passe de le devenir. Si vous voulez bien diriger un instant vos pensées sur un sujet qui exigerait une profonde attention, vous constaterez que l'imperfection est une nécessité dans l'univers. En effet! Qu'est-ce que l'univers? C'est la diversité dans les formes. Toute forme n'étant qu'une partie du tout est nécessairement imparfaite ; étant moindre que le tout, elle ne peut être identique à celui-ci ; elle est imparfaite en soi, elle montre l'imperfection, le mal, et il n'y a que l'univers, dans son ensemble, qui puisse refléter l'image de Dieu

Le mal n'est pas une chose nettement positive, c'est l'absence de perfection, c'est un état d'être qui tend sans cesse vers la perfection. Le mal est seulement absence de lumière, mais la lumière est en constant état de devenir. Ainsi envisagé, le mal n'est plus sujet de trouble et cesse de peser sur le cœur de l'homme ; quant à cette forme du mal que nous appelons chez l'homme : péché, c'est-à-dire le mal dans l'homme, nous verrons tout à l'heure que ce péché ne doit pas conduire au découragement, qu'il est aussi un acheminement vers le bien. Pour peu que nous considérions le problème — abstraction faite de l'humanité pour l'instant, — l'idée du mal ne peut nullement nous troubler, car la condition même de la manifestation étant la diversité, il en découle une imperfection inévitable en tant que l'on envisage les objets pris isolément.

Mais revenons à l'homme car la réponse ne sera pas complète aussi longtemps que nous n'aurons pas élucidé le problème en ce qui le concerne particulièrement.

Comment la philosophie considère-t-elle l'homme, au sens le plus profond, le plus complet, le plus grand? Elle voit dans l'homme une image de Dieu et, par conséquent, une trinité : en premier lieu, l'image de l'essence, de la substance, la plus haute, la plus pure raison, le Soi dans l'homme, ainsi que nous disons quelquefois ; en second lieu, elle y voit ce que l'on nomme souvent l'âme humaine qui aspire au divin au-dessus d'elle alors qu'elle subit l'attraction du poids mort de la brute, de l'animal au-dessous d'elle, double principe sur lequel repose l'évolution de l'homme; une main s'élève vers le ciel, l'autre main penche encore vers la terre. Bruno comparait l'âme à la lune qui a toujours une face tournée vers le soleil et l'autre vers les ténèbres. Vous ne sauriez avoir une image plus saisissante, plus vivante, de l'âme dans l'homme ; c'est la réflexion de la vie universelle ; c'est la vie individualisée incarnée dans une forme. Elle y voit, en troisième lieu, le corps, représentant la matière de l'univers. Esprit, âme, corps, tel est le point de vue le plus simple et le plus philosophique sous lequel il soit possible d'envisager l'homme.

Il y a d'autres subdivisions, mais elles sont comprises dans cette grande trinité.

Ainsi, vous avez le divin dans l'homme, divin qui se manifeste par la pensée ; vous avez l'âme qui est la vie individualisée; vous avez le corps dans lequel évolue cette âme. Si maintenant vous demandez : qu'est-ce que le péché ? la réponse est celle-ci : il y a péché quand l'homme commet un acte qu'il sait être mauvais alors qu'il est à même de pouvoir en accomplir un meilleur. Voilà ce qu'est le péché. Il a sa racine dans l'ignorance, ignorance qui est le seul véritable péché originel de l'homme. Celui-ci évolue de l'ignorance à la connaissance. Ivrognerie, meurtre, vol, ce ne sont pas là des péchés chez le sauvage qui ne sait rien de mieux, mais ce sont des pechés chez l'homme civilisé qui conçoit « le mieux » et qui permet à l'âme d'être attirée vers l'inférieur, par le corps, au lieu de l'élever vers le supérieur : l'esprit. Telle est la véritable définition du péché qui consiste à faire mal quand on sait pouvoir faire mieux ; agir ainsi c'est pécher. Là où il y a absence de connaissance il ne peut y avoir péché. Saint Paul a dit très justement : « Le péché consiste dans le fait de transgresser la loi. » Quand la lo supérieure est connue, c'est pécher que de la transgresser. Mais, là encore, il n'y a pas lieu de désespérer car, par le fait même que la loi ne change pas, qu'elle est inviolable, elle nous meurtrit lorsque nous la négligeons, et la souffrance résulte de la transgression ; cette souffrance est une leçon, et dans cette leçon est le remède ; en effet, elle vous apprend que dans un univers où la loi existe, vous devez apprendre à vous harmoniser avec cette loi, sinon peines, misère, souffrances, s'abattent sur vous jusqu'au jour où, las de souffrir, vous vous tournez enfin vers le Bien. Voilà pourquoi nous n'avons pas lieu d'avoir le cœur triste en pensant au péché, car il nous fait évoluer, nous le surmontons, et, chaque lutte — même celle qui aboutit à un échec —, est un pas de plus sur l'échelle que gravit l'âme dans son ascension vers l'Esprit.

Quelle est maintenant la force créatrice dans l'univers? J'ai déjà dit que le pouvoir créateur en Dieu et dans l'homme est la pensée. La pensée de Dieu crée des univers ; votre pensée vous crée vous-mêmes. La pensée est l'unique force créatrice, le seul facteur à l'aide duquel vous formez, façonnez, construisez votre caractère. Partout, la pensée est l'agent créateur, c'est elle qui prépare la route pour l'évolution de l'âme. L'âme évolue par la réincarnation des corps que fournit la nature, corps plus complexes, plus sensibles, à mesure que l'âme développe des facultés de plus en plus grandes. Et l'âme monte ainsi vers l'éternelle lumière ; nulle crainte n'est à éprouver pour cet enfant qu'est l'homme, car il montera inévitablement vers Dieu.

∴

Que dirons-nous de l'Art? j'ai déclaré qu'une Religion mondiale ne doit pas être dépourvue d'art et je pense bien souvent que, dans le monde moderne, hommes et femmes ne savent pas apprécier la puissance et l'influence de l'art dans la vie humaine.

La Beauté n'est pas un vain mot, ni chose morte. C'est la manifestation de Dieu dans la nature. Il n'est pas, dans la nature, un seul objet ne provenant pas de la main des hommes qui ne soit beau, car la manifestation de Dieu c'est la Beauté. Elle brille dans tous ses travaux et non pas seulement dans ceux qui sont pour l'homme une source de plaisir. Si, à l'aide du microscope, vous examinez une diatomée, vous voyez que cette coquille, invisible à l'œil nu, est dessinée selon la plus exquise forme mathématique, chaque ligne étant précise, chaque angle parfait. Le Sculpteur Divin l'a faite belle, bien que nul œil ne perçoive cette beauté hormis l'œil de Dieu. Dans toute œuvre de la nature, il y a beauté, c'est le caractère de la manifestation; là même où l'homme fait œuvre laide, la nature ne tarde pas à revêtir cette laideur de sa beauté.

Et l'artiste?

L'artiste est le prêtre du Beau et ses yeux voient Dieu plus que les nôtres. Il est capable de distinguer, sous la forme, la beauté que cette forme voile, et le devoir de l'artiste est de montrer à nos yeux aveugles ce que nous ne saurions voir sans son génie; tout ce qui s'écarte de ce devoir est une profanation de l'art et n'est pas digne d'être appelé: Art. La couleur dit à l'artiste plus de choses qu'à vous ou à moi; la forme frappe plus l'artiste qu'elle ne nous frappe; la mélodie a plus de secrets pour lui qu'elle n'en a pour nos oreilles non entraînées. Et c'est le devoir de l'artiste de chercher la beauté cachée dans la nature pour la placer devant les regards des hommes; à l'artiste incombe le devoir de saisir l'idée cachée sous chaque forme, le parfait derrière l'imparfait;

il est chargé d'une glorieuse mission qui consiste à montrer aux hommes aveugles la beauté parfaite, de telle façon qu'en la voyant ils puissent prendre cette beauté comme modèle pour que leur vie devienne aussi belle que la nature, laquelle est la vie de Dieu. Telle est la signification de l'Art.

La Grèce comprit l'Art et peu de nations, en dehors d'elle, ont su distinguer ce qu'il a de divin ; mais la Grèce comprenait que l'art n'est pas un luxe, comme on le pense en général de nos jours.

Beaucoup plus que pour vous, l'Art est une nécessité pour la masse du peuple dont l'existence est privée des jouissances que vous avez. Un bouge, dans une grande ville, n'est pas seulement une dégradation pour les habitants, mais sa laideur même amoindrit la vitalité de la nation. Tous souffrent de cette hideur autour d'eux. L'existence même d'une femme en haillons, la physionomie hagarde, vicieuse souvent, habitante d'un tel bouge, par sa misère, par son seul aspect, fait si bien que tout le sexe féminin est par là dégradé. Lorsqu'on voit, dans le quartier Est de Londres, sortir d'un cabaret, un homme titubant, répugnant par le vice qui le ronge, toute l'humanité est amoindrie et affectée par le dégoût qu'inspire cette malheureuse créature. Aucun homme ne peut être parfait aussi longtemps que l'un de ses semblables demeure à l'état de brute.

Or l'art est un moyen de purifier, d'élever, de perfectionner. On parle souvent de la beauté des anciens Grecs. Pourquoi cette beauté ? Parce que leurs rues étaient parsemées de choses belles, placées toujours de façon telle que tous pouvaient les voir ; quand les femmes étaient sur le point de devenir mères, on les entourait de choses belles si bien que la beauté de l'enfant en résultait, la beauté étant en Grèce l'âme même de la vie. Et c'est cela qu'il nous faut apprendre.

Or que fait-on de nos jours ? Lorsqu'il vous arrive d'avoir une statue trop laide pour figurer dans un musée, vous la placez dans la rue ; si vous possédez un beau tableau, vous l'accrochez dans une galerie, oubliant que ceux qui ont le plus besoin d'art sont justement ceux-là qui ne vont pas dans les musées. Je sais que l'on tend à introduire quelques améliorations dans ce sens : je sais que dans l'Est de Londres on tente de rendre l'art un peu plus accessible au peuple, mais a-t-on tout à fait bien compris que le fait d'exposer le beau, d'en faire une chose familière de la vie courante, c'est rendre la vie ordinaire de l'homme plus raffinée, plus délicate, plus remplie de grâce.

La bonne musique, la bonne peinture, la bonne sculpture, sont autant de facteurs d'éducation de la race et le moindre objet devrait avoir sa beauté propre. Les objets usuels de la maison devraient être artistiques, rien ne s'y oppose : mais vous préférez un salon encombré autant qu'un bazar plutôt que d'avoir une seule chose réellement artistique qui donnerait à la pièce une atmosphère d'exquise délicatesse et de vie. Vos écoles, elles aussi, devraient être belles, car le cœur et le cerveau de l'enfant sont de nature malléable. Ces hideuses bâtisses de Londres, que vous appelez *Board schools* ou *Council schools*, suffisent à elles seules pour enlaidir la nation tout entière. Si une pièce de votre logis doit être dépourvue de beauté que cela ne soit pas la chambre des enfants dont les murs sont habituellement ornés d'affreuses gravures sous prétexte que c'est toujours assez beau pour des enfants. Il n'est rien de trop bon ou de trop beau pour l'enfant, et la religion de demain apportera avec elle ce pain de vie de telle sorte qu'il sera distribué à tous sans exception. En outre, on comprendra qu'un seul foyer dénué de beauté condamnera le luxe de ceux qui se complaisent dans la beauté et qui ne songent pas à le partager avec leurs frères.

∴

La religion de l'avenir aura aussi sa SCIENCE ; celle-ci ne sera plus limitée au seul monde physique, mais s'étendra à tous les mondes de matière. Si la philosophie consiste dans le fait de reconnaître l'unité dans la diversité, la science, elle, consiste dans l'observation de la diversité et des faits dans la nature. La science de demain, dans la religion de l'avenir, embrassera tous les mondes et non pas seulement le plus grossier, celui du plan physique. Elle étendra ses observations au monde des sensations, au monde mental puis, plus loin encore, au monde spirituel où la matière n'est plus qu'un instrument docile pour la vie agissante sans plus être une entrave, soumise qu'elle est entièrement à la volonté. La science de demain observera les faits, les forces et les lois de la nature dans tous les mondes sur lesquels s'accomplit l'évolution de l'homme. Elle étudiera non seulement les lois physiques de la nature mais encore les lois des mondes mental et moral ; elle établira ainsi, que les actes mauvais, les pensées mauvaises sont autant de facteurs contraires à la loi du progrès. En observant les résultats produits par les pensées et les actions mauvaises, la science formulera que, dans ces mondes supérieurs, comme sur le plan physique, fonctionne la loi d'action et de réaction que les Orientaux appellent : KARMA. Sentir mal, c'est penser et agir mal ; si le désir est mauvais, pensées et actions sont inévitablement mauvaises.

On devient inéluctablement ce que l'on pense. C'est la loi. Aussi, quand la science étendra ses études aux trois mondes qui servent à l'homme de champ d'évolution, elle sera en mesure d'établir scientifiquement cette théorie. Nous récoltons ce que nous avons semé, non pas toujours dans le seul et même monde d'action mais, dans un monde ou dans un autre, nous récolterons invariablement ce que nous aurons semé. Telle est la loi ; et nul ne peut y échapper. C'est à la science de l'avenir qu'il appartient de faire ce que seul un petit nombre est apte à faire aujourd'hui, c'est-à-dire : observer les lois de l'évolution humaine, voir comment la loi effectue son œuvre en ce qui concerne la pensée et le caractère. De même qu'elle examinera les lois de la nature dans les trois mondes, elle en étudiera le champ d'action comme aussi les effets de ces forces et établira, d'après les données de ses observations, que la pensée est une force créatrice. Ce travail, je le sais, est d'ores et déjà chose accomplie aujourd'hui par ceux qui se sont entraînés dans cette science qu'on appelle : l'occultisme ; mais ce que celle-ci expose actuellement sera exposé par la science elle-même qui poussera ses recherches jusqu'en ces régions plus subtiles de notre vie ; grâce à ses expériences avec les forces de la nature, elle pourra s'exprimer avec autorité quant au but et aux résultats de ces forces. Elle étudiera non seulement les lois générales, forces de la nature afférentes à tous les mondes où nous vivons, mais aussi tous les phénomènes naturels qui s'y produisent.

Cette sphère d'activité intermédiaire qui s'ouvre après ce que nous appelons la mort, comme cette autre sphère connue sous le nom de ciel, seront tout aussi observables que ce monde dans lequel vit le corps physique. La Science de la Religion mondiale donnera par conséquent avec précision les lois, les forces, les faits appelés à servir de bases à l'enseignement de la morale en faisant entrer celle-ci dans le domaine des lois ; et elle ne sera plus dès lors ce qu'elle est aujourd'hui, c'est-à-dire un facteur abandonné au hasard.

Cette science de l'avenir entraînera les hommes à étudier selon les méthodes de la science actuelle, de façon à ce qu'ils sachent se servir de leurs instruments, de leurs appareils ; plus encore, elle entraînera l'étudiant à développer les pouvoirs qu'il possède à l'état latent. Elle ne se contentera pas de lui apprendre à façonner le fer, le cuivre et le verre en instruments pouvant suppléer aux sens non encore éveillés. Les corps subtils de l'homme, ses sens les plus parfaits, les plus sensibles, seront développés par cette science qui est le côté matériel de la Yoga. L'homme se verra ainsi plus apte à acquérir la connaissance. Les véhicules des émotions et de la pensée évolueront plus rapidement ; aussi sûrement que la science, en étudiant les règnes animal et végétal, a enseigné à l'homme comment faire évoluer en quelques années ce que la nature, non aidée, mettrait des siècles à accomplir, de même, la science de la Yoga enseignera à l'homme la façon de faire évoluer ses corps pour les rendre plus complètement utiles par une application des lois d'un monde plus subtil, par l'accélération de l'évolution sur des sentiers que tous ne peuvent encore fouler actuellement.

∴

Et quand cette religion mondiale aura ainsi enseigné l'essence même des religions, qu'elle aura satisfait la raison grâce à une véritable philosophie, qu'elle aura élevé l'art à la place qu'il doit occuper dans la vie, et qu'elle aura donné une science établissant enfin une base à l'ensemble, elle couronnera finalement son œuvre par une haute moralité en appliquant à la vie humaine les vérités qu'elle aura découvertes. Elle apprendra à l'homme comment on peut vivre d'une vie noble et lui dira pourquoi un tel genre de vie est désirable. Rappelez-vous ce que je vous ai dit de l'âme, une partie s'élevant vers l'esprit, l'autre subissant l'attirance du corps et de toutes ses contingences. L'homme apprendra à mener une vie héroïque quand il aura entrevu, par lui-même, l'existence des possibilités qui sont à sa portée et celles qui existent dans le pouvoir de la pensée. Il commencera à comprendre que dès l'instant où cette vie éternelle est en lui, tout ce qu'il y a de bas, de vulgaire, de brutal est incompatible avec la grandeur de ses responsabilités et de son devoir ; il commencera à se dire que tout individu sachant que la vie est une et que cette vie est incorporée en lui, ne peut que vivre une vie noble, et ne saurait, sans honte, mener la vie de l'animal d'où provient son corps.

***

Il faut vous persuader de votre divinité, comprendre ce qu'est en réalité l'homme, c'est-à-dire un fils de Dieu en voie d'évolution. Pas de menaces, de malédictions, d'anathèmes ! On dit que le plaisir est facile et le bien difficile ; cela dépend uniquement de la partie de votre être sur laquelle vous centrez votre conscience. Où est le centre de votre conscience ? Si c'est votre corps, alors oui ! les plaisirs grossiers sont attrayants. Mais si vous vivez dans votre corps mental, vous serez indifférents aux plaisirs vulgaires. Devant un splendide tableau, une douce mélodie, un livre admirable, que deviennent les plaisirs de manger, de boire et la satisfaction des sens ? Point n'est besoin, pour l'homme, de menaces, c'est la faculté de comprendre qui lui est nécessaire ; pas de malédictions ! ce qu'il lui faut c'est l'illumination. Donnez-lui seulement une chance d'entrevoir ce qu'il y a pour lui de meilleur et il se précipitera au-devant de cet état meilleur, l'adoptera, l'aimera, car plus les plaisirs sont élevés plus ils sont agréables ; il en est comme de l'air des cimes qui est plus agréable à respirer que celui des bouges.

Du sein de cette noblesse en voie de développement dans l'individu, de l'unité de la vie comme base, viendra la Fraternité réalisée, accomplie entre tous les hommes. Et me voici revenue, à la fin de cette conférence, au point par lequel je débutai : l'immanence de Dieu. Ce principe implique nécessairement la Fraternité entre hommes ; ainsi qu'un cercle revient sur lui-même et que, partant d'un point de ce cercle on revient au point de départ, de même la Religion mondiale, partant de l'immanence de Dieu, doit trouver son accomplissement dans la Fraternité Universelle, la reconnaissance de l'Unité de la Vie.

Par Fraternité, il faut entendre tout ce que ce mot implique. Ah ! si vous voyiez votre frère, votre sœur, mourir de faim, épuisés par la maladie, plongés dans l'ignorance, minés par la misère, resteriez-vous confortablement au repos, dans votre gai logis, au milieu d'un aimable entourage ? Votre bonheur ne vous deviendrait-il pas intolérable si votre sœur ou votre frère succombait à la douleur ou à l'angoisse ? Voilà ce qu'on entend par Fraternité ! C'est mettre à la disposition d'autrui tout ce que l'on possède pour que tous puissent ainsi participer à votre bonheur et s'élever au niveau que vous occupez aujourd'hui. Être fraternel, c'est partager de bon cœur avec les autres, non par force de loi, mais sous l'influence impérieuse de l'esprit qui, lui, connaît l'unité de tout ce qui est. Fraternité réalisée est synonyme d'élévation de la race humaine ; c'est, en vérité, l'homme devenant Dieu !

En apprenant à apprécier ce qui donne à votre vie un milieu de beauté et de pureté, oh ! quand vous serez convaincus que tous les hommes sont frères, alors, vous rejetterez loin de vous toutes vos jouissances pour travailler au bien de tous. Telle est la leçon, la dernière que nous ayons à recevoir et par laquelle nous apprendrons que, pour le Divin incarné en nous, rien n'a plus de valeur que l'acte de se vouer librement au service de ceux qui ont besoin d'aide. Si vous êtes instruits, partagez votre science ! Si vous êtes purs, partagez votre pureté ! Il y a parmi vous des femmes qui sont pures, chastes, bonnes, mais il y a aussi dans les rues d'autres femmes à qui manquent les vertus que vous possédez. Ah ! mes amies, votre pureté serait plus grande encore si vous la partagiez avec les impures, si vous vous efforciez d'élever vos sœurs jusqu'à ce qui, pour vous, constitue le bonheur, la joie de votre propre vie.

∴

Quand la Religion mondiale apparaîtra avec cette majesté que l'Instructeur du monde lui donnera, les vérités que je ne fais moi, que balbutier à vos cœurs, s'auréoleront de force et de splendeur par le torrent d'inspiration dont Il les animera. Il rendra vivant ce que je ne fais que décrire, Il rendra captivant ce que je ne puis vous exposer qu'en langage humain ; Il parlera à votre esprit alors que je ne puis m'adresser, moi, qu'à votre raison et à votre cœur et Sa voix portera le monde plus près du Divin, parce que le Divin aura resplendi en Lui-même avec une évidence éclatante.

III

La Venue de l'Instructeur du Monde

Amis ! je vous demanderai de vouloir bien vous reporter, durant un instant, à la première de mes conférences. J'y reviendrai tout à l'heure de façon plus précise car, volontairement, dans cette conférence, j'ai essayé de poser des fondations sur lesquelles les superstructures de ce soir vous paraîtraient plus naturelles et plus convaincantes, car un fait isolé, séparé de tous ceux qui y attiennent, peut sembler étrange, bizarre, invraisemblable. Le fragment d'un *puzzle,* pris sur la table, et séparé du reste, présente de curieux contours et une forme incompréhensible, mais lorsqu'il est mis à sa place dans le *puzzle* il complète le tout qui apparaît alors naturel et compréhensible. Il en est de même pour tous les grands événements de l'histoire du monde : considérés indépendamment du reste, ils sont incompréhensibles, impossibles, mais lorsqu'ils se présentent dans leur ordre logique, quand ils apparaissent et sont reconnus comme étant les parties d'un ensemble, ce qui alors semblait étrange devient naturel, ce qui semblait incroyable devient vraisemblable et nous en arrivons à nous dire qu'il n'existe rien d'extraordinaire ou d'invraisemblable lorsque nous voyons les choses à leurs places respectives, si bizarres que puissent nous paraître ces choses lorsqu'elles sont arrachées de la place qu'elles occupent dans l'histoire.

Mais avant de m'occuper de la place dans l'histoire, du grand Instructeur mondial, laissez-moi vous conduire au delà des événements qui constituent l'histoire et veuillez tourner vos regards sur Ceux qui inspirent les faits historiques, qui guident l'évolution humaine, qui règlent les lois de la nature.

Il existe par delà et derrière les grands événements physiques, une puissante Hiérarchie, et comprenant des grades, — entre les mains de laquelle sont le gouvernement, la direction du monde. C'est une grandiose Hiérarchie au sein de laquelle sont les gouverneurs de l'Humanité, gouverneurs dont rois et nations sont pour les chefs les ombres, ou les symboles. Cette Hiérarchie a conduit l'évolution de notre race, a guidé les destinées depuis sa naissance jusqu'à nos jours, et les guidera encore dans les millénaires à venir comme dans les millénaires passés.

Cette puissante Hiérarchie comporte deux divisions principales concernant le développement, l'évolution de l'homme. L'un s'applique à régler l'évolution extérieure, les types des races, à élever et à édifier des civilisations ; rois et nations sont pour les chefs de ce département comme des pions sur l'échiquier de la vie.

L'autre département est celui de l'enseignement, celui qui s'occupe de donner religion sur religion au monde à mesure que ce monde en a besoin ; il tient dans ses mains le cercle entier de la Vérité et en distribue successivement des parties sous des formes adaptées à l'entendement du peuple pour que celui-ci puisse la comprendre. C'est ce département qui a pour fonction de donner au monde les Instructeurs spirituels dont il a besoin, les Fondateurs de toutes les religions : c'est lui qui préside à l'évolution spirituelle et morale de l'humanité.

Ces deux grands départements se distinguent aisément dans l'histoire humaine où se remarquent leurs travaux respectifs; à la tête de chacun d'eux est un chef qui fait usage des forces de l'ensemble et qui dirige les énergies dans un but prévu et nettement déterminé.

A la tête du département ayant pour fonction de gouverner, — de ceux au moins qui se montrent aux yeux des hommes, — se tient l'Être puissant au nom même duquel nous avons emprunté le mot : *homme*, c'est le Manou (*The Man*), type primordial de chaque race, qui développe successivement dans chaque race les qualités qu'Il incarne. Le terme: *Manou* signifie, étymologiquement, le Penseur, le Raisonnant, l'Intelligent; aussi ce terme, le Manou, est-il employé comme synonyme de gouverneur, de législateur de la race.

A ses côtés, se tient son Frère et collaborateur dans le grand travail de l'évolution, l'Instructeur du monde ainsi qu'on l'appelle dans quelques-uns des plus anciens livres de la terre; connu comme étant Celui qui incarne la Sagesse, sagesse qui n'est autre que cette vérité qui nourrit la race humaine.

Législateur et Instructeur sont tous deux à la tête des deux départements dont je viens de parler et ils représentent l'ensemble de la grande Hiérarchie dans ses fonctions législatives et éducatrices. Ce que je vous expose là se rencontre dans les Écritures saintes des différentes religions, mais parce que vous n'en êtes pas avertis, le fait, tel qu'il se passe dans l'histoire, ne vous frappe pas et son importance vous échappe. Et pourtant, voilà qui devrait paraître naturel à ceux d'entre vous qui ont été, dès l'enfance, élevés à l'aide de la Bible chrétienne et juive, car l'on remarque à la tête de la jeune nation juive ces deux chefs (que je viens de nommer) sous les noms familiers de Moïse, le Législateur, et de Aaron le grand Prêtre du peuple juif. Dans toutes ces Écritures, les mêmes grands événements de l'évolution humaine se trouvent répétés sans cesse. Les mêmes faits se produisent sous la direction du Législateur et de l'Instructeur, chef de l'État d'une part, chef de la Religion d'autre part. Cette glorieuse cohorte de Guides et d'Instructeurs de l'humanité est encore nommée parfois la Grande Loge Blanche ; c'est la source de tous ces grands courants de pensée qui apparaissent de temps à autre pour aider le monde. Les messagers sont toujours parmi les hommes à qui ils apportent la vérité nécessaire et appropriée à l'époque. Et c'est ainsi qu'il vous est possible de suivre la trace de cette lignée de génies en littérature, en art, en science, messagers de cette unique grande Hiérarchie qui, derrière le voile, dirige les destinées humaines.

Autrefois, il y a longtemps, très longtemps, avant que notre orgueilleuse cinquième sous-race teutonne se fût emparée du sceptre et du gouvernement du monde, les Messagers étaient vénérés par les peuples primitifs de cette lointaine antiquité ; les Instructeurs étaient honorés, étaient les bienvenus. Mais à partir du moment où le mental concret de l'homme commence son développement, au moment où la personnalité commença de s'affirmer, — stade inestimable dans l'évolution de l'homme, bien que répugnant et dangereux par certains côtés, — dès l'instant où cette caractéristique particulière de la nature humaine prit une place prépondérante à la tête même de l'évolution, les Messagers furent dès lors méprisés au lieu d'être révérés, ils furent dédaigneusement accueillis au lieu d'être les bienvenus. De là le danger qui se présente aujourd'hui : l'histoire du Messager, du puissant Instructeur qui vint guider les premiers pas de la cinquième sous-race, la teutonne, risque de se répéter de nos jours quand cette sous-race aura atteint sa maturité ; car depuis l'époque où le Christ vint sur la terre, l'histoire des Messagers n'a jamais été qu'une série de persécutions, de tortures, de meurtres, d'ostracismes. Et parfois l'on s'étonne en considérant ce récent passé, et l'on se demande si le monde est préparé au retour de l'Instructeur du monde et si la façon dont sont aujourd'hui accueillis les Instructeurs moindres subsistera quand le plus grand sera de nouveau visible sur terre ?

Avant de résoudre cette question, pensons tout d'abord que l'Instructeur du monde est le Fondateur, le personnage principal de toutes les grandes religions apparues successivement. En effet, ainsi que vous le savez, à chaque sous-race naissante est donnée une religion qui lui appartient en propre et dont la forme change à mesure que cette race grandit ; de sorte que nous envisageons toutes les grandes croyances particulières aux sous-races, nous trouvons une série de grands Instructeurs qui, en vérité, ne sont qu'une seule et même personne, le même grand Instructeur apparaissant sur terre pour instruire et aider l'humanité. Tandis que le Législateur dirige l'évolution et transforme graduellement le type des sous-races, l'Instructeur du monde, qui se tient à ses côtés, apparaît dans chaque sous-race pour donner à celle-ci une religion qui lui est appropriée, religion spécialement et soigneusement adaptée à son évolution.

En outre, l'Instructeur du monde est toujours en rapport avec ce qu'on appelle les Mystères, c'est-à-dire avec l'enseignement secret, le côté ésotérique de la religion, enseignement donné à ceux qui sont assez forts pour le recevoir, assez âgés pour le comprendre ; c'est la moelle de toute religion ésotérique, ce qu'Origène appelait gnosticisme, la connaissance, enseignement sans lequel toute religion est vouée à la décadence, à la disparition. Quand l'Instructeur du monde arrive, il institue toujours les Mystères de la Religion qu'Il apporte, Mystères par et dans lesquels la vérité demeure vivante. Il vous est d'ailleurs possible de constater le fait par vous-mêmes en consultant l'histoire des religions plus anciennes que la vôtre ; mais la plupart d'entre vous ignorent que lorsque l'Instructeur du monde vint à vous, il institua de nouveau, pour le Christianisme, ces Mystères dont avaient joui les croyances antérieures ; les textes de l'Église primitive parlent de ces Mystères ; ainsi que l'on peut s'en rendre compte par leurs enseignements, c'est dans ces Mystères que les premiers évêques et martyrs de l'Église puisèrent leurs connaissances. Ces Mystères disparaissent faute d'aspirants quoique autrefois l'enseignement secret fût donné dans l'Église chrétienne primitive autant qu'il le fut dans toutes les religions antérieures du monde.

L'enseignement que l'Instructeur du monde donne dans ces différents Mystères, fut toujours identique ; la chose est facilement observable quand des bribes de cet enseignement se glissent dans la philosophie ou dans la religion de l'époque. Il s'agit toujours de la proclamation du Soi Universel et du Soi spécialisé, individualisé en tant que fragment du tout. Telle est la base fondamentale qu'il importe à l'homme de connaître pour qu'il puisse progresser : l'identité de nature entre les deux « Soi », et, d'autre part, le besoin qu'a l'homme de sentir cette identité et de se savoir partie de la Vie Universelle. Cet enseignement suprême donné en symboles, en allégories, au monde extérieur, et avec précision au cercle intime, est la vérité centrale que les Mystères avaient pour mission précise d'enseigner à leurs initiés.

Si pour considérer les différentes sous-races nous faisons usage de la connaissance de ces enseignements secrets, il nous est possible de voir comment l'Instructeur du monde emploie chaque fois un symbole légèrement différent de ceux qui précèdent, tout en y incorporant toujours la même vérité fondamentale. Nous pouvons parcourir l'histoire des sous-races antérieures à la nôtre et découvrir dans les Écritures, dans le côté extérieur, exotérique de chaque croyance, les traces qu'y laisse l'enseignement secret donné à chacune de ces sous-races.

La *racine* de notre race, le premier grand peuple aryen, eut comme Instructeur mondial le grand Être connu sous le nom de Vyasa, lequel enseigne la vérité *une* en la symbolisant par le soleil. L'Hindou d'aujourd'hui nous parlera encore de la Personne, de l'Esprit dans le soleil ; actuellement encore, la formule la plus sacrée, le mantra le plus puissant de l'Hindouisme est l'invocation au soleil, la prière où l'on demande au soleil d'irradier sur le cœur des hommes. Le soleil dans les cieux, symbole visible du Dieu des dieux, le soleil dans le cœur de l'homme, le Soi individualisé en lui ; tous deux sont identiques, et l'homme doit en découvrir la réalité en lui-même avant de la connaître comme une vérité certaine de lui.

C'est sous cette forme que l'enseignement fut donné à la mère de notre sous-race, forme qui subsiste encore de nos jours aux Indes.

Lorsqu'Il vint ensuite dans la deuxième sous-race et instruisait en Egypte sous un autre nom, celui de Thot que les Grecs appelèrent Hermès, Il choisit pour symbole la lumière ; Il prononça alors ces paroles qui nous sont connues et que l'on retrouve dans le 'quatrième évangile égyptien de notre Nouveau Testament d'aujourd'hui et Il parle de « la Lumière qui éclaire tout homme venant au monde », la Lumière dans le cœur de l'homme aussi bien que la Lumière dans l'Univers extérieur à l'homme. C'est ainsi que l'on enseigne au Roi d'Egypte à « chercher la Lumière » car seul le Roi qui voit Dieu dans le cœur de ses sujets peut être vraiment roi et en appeler au côté divin de son peuple. Vous voyez encore que, de même que le Roi fut invité à chercher la Lumière le peuple fut, lui, invité à « suivre la Lumière ». Et le principe de la Lumière intérieure et de la Lumière Universelle devint le centre véritable des Mystères Egyptiens ou Hermétiques.

Il vint ensuite dans la troisième sous-race, chez les Iraniens; Il porta alors le nom de Zarathustra, Il est plus connu toutefois sous le nom de Zoroastre. Cette fois ce fut le Feu qui fut choisi comme symbole de la même grande vérité; le Feu dans le cœur des hommes, le Feu dans le temple des adorateurs, le Feu qui dans le ciel, donna la lumière au monde. Et dans ces anciens jours, alors que les prêtres étaient réellement des Mages connaissant l'art de maîtriser les éléments de la nature, la main levée du prêtre du Feu — comme pour Zarathustra, le Fils du Feu, — la main du prêtre levée vers le ciel, faisait descendre le Feu des nuages jusque sur l'autel où brillait alors une flamme éclatante. Si grande fut l'impression produite par cet enseignement, que le Parsi moderne, qui conserve encore le souvenir de l'antique manière d'adorer, quand il allume le feu d'un nouveau temple, — feu sacré gardé allumé d'années en années, — ne peut le faire sans avoir préalablement recueilli les feux de la terre : celui du foyer familial, du forgeron, de tous ces feux que les travailleurs allument pour leurs travaux; il ne peut enfin allumer le feu sacré que le jour où l'éclair qu'il ne sait plus commander et appeler, descend du ciel entre les coups de tonnerre qui retentissent dans l'atmosphère ; lorsque l'éclair a mis le feu à un arbre, le prêtre alors saisit aussitôt une branche enflammée pour porter au temple ce feu qui, désormais, ne devra plus s'éteindre.

Il vint une quatrième fois, dans la quatrième sous-race, chez les Grecs, sous le nom d'Orphée. Là Il ne parla plus Lumière, mais Son ; dans ses mystères, Il enseigna, par le son, l'évolution de l'Esprit dans l'homme. C'est ainsi qu'il parla aux Grecs de musique, et c'est dans les mystères orphiques que fut donnée le même enseignement ; grâce à eux, la Grèce atteignit sa gloire. Et ainsi, par le Soleil, la Lumière, le Feu, la Musique, l'Instructeur du Monde parla aux sous-races qui nous précédèrent.

L'Être Puissant revint une fois encore sur terre pour y devenir le Seigneur Bouddha et pour fonder la religion dont le nombre des croyants dépasse de beaucoup celui de toutes les autres religions. Puis Il disparut pour ne plus jamais prendre forme humaine mortelle, et Il transmit ses fonctions d'Instructeur du Monde à Son Frère, celui qui l'avait constamment suivi durant des âges, Celui qui est l'Instructeur actuel du monde, le Seigneur

Maître et que le chrétien appelle le Christ. Entre ces deux Êtres, semblables par la pensée, semblables par l'enseignement, il y eut cependant une différence de tempérament qui colora leurs préceptes. En effet, Celui qui devint le Bouddha est connu en tant que Seigneur de Sagesse : Celui qui fut le Christ est connu en tant que Seigneur d'Amour ; l'un enseigna la loi, développa chez le peuple la faculté de comprendre, lui apprit la pensée droite ; l'autre, vit dans l'Amour l'accomplissement de la Loi, l'essence même de Dieu. Seigneur de Sagesse ! Seigneur d'Amour ! C'est le Seigneur d'Amour qui est aujourd'hui l'Instructeur du monde.

Il vint en premier lieu, en son troupeau d'autrefois, fonder dans l'Inde ce culte auquel se rallie encore maintenant la majorité du peuple hindou. Les philosophes peuvent adorer le Dieu Tout-Puissant, l'intellectuel, le sérieux penseur peut parler du Un Universel pénétrant tout ; mais la forme sous laquelle Dieu est adoré dans les myriades de foyers hindous, la forme à laquelle est insufflé plus d'amour intense et de dévotion que dans n'importe quelle religion sur terre, c'est celle de Shri Krishna, non pas l'homme d'Etat, le guerrier, non celui auquel vous pensez en vous rappelant le poème splendide du « *Mahabarata* », mais ce Shri Krishna qui aima les hommes, L'enfant, le bien-aimé qui, aujourd'hui, est au cœur de tout Hindou, ce qu'exprime le prophète hébreu quand il dit : « Celui qui te crée est ton mari. » Amant et aimé ! Telle est cette forme divine qui emplit le cœur de l'Inde captive aujourd'hui sous les chaînes et, tandis qu'ils le nomment Shri Krishna, vous l'appelez Christ ; et c'est le même Seigneur d'Amour qui est aimé des deux peuples.

Il vint ensuite dans notre cinquième sous-race dont Il fut le grand Instructeur, à laquelle Il apporta une nouvelle religion, la race teutonne dont Il vint aider le développement spirituel. Il vint ! et durant trois années de vie parfaite Il proclama son message chez le peuple hébreu. Mais il fut dit, de manière pathétique : « Il vint chez les siens et les siens ne l'accueillirent pas ! » et bien qu'il ait été déclaré qu'Il parlait comme nul homme n'avait jamais parlé, ils ne purent tolérer plus de trois années le Seigneur d'Amour venu au milieu d'eux. Et lorsqu'ils l'eurent assassiné, les textes de Son Eglise disent que quelque cent vingt fidèles formeront le groupe infime de ses disciples. C'est là un fait de triste augure pour la venue de l'Instructeur du Monde; mais l'histoire a rétabli la puissance de Son enseignement car, si sa propre génération l'a rejeté, des centaines de générations Lui ont depuis rendu hommage; aujourd'hui, Son nom prend dans le Christianisme une influence de plus en plus grande parce que les hommes commencent à s'apercevoir que le Christianisme n'est pas une Eglise, n'est pas un livre, ni une organisation, mais qu'il consiste à croire au Christ vivant, à croire au développement possible de la vie du Christ dans l'homme.

∴

Vous ayant conduits jusqu'ici, de sous-races en sous-races, chacune d'entre celles-ci recevant tour à tour de l'Instructeur leurs religions respectives, laissez-moi vous rappeler que, de nos jours, selon les témoignages des ethnologues, un nouveau type de sous-race commence à apparaître. Quel sera l'inévitable corollaire de ce fait? quel sera le résultat que vous et moi sommes en droit d'en attendre? Si, durant cinq sous-races, l'Instructeur est venu pour enseigner et aider, la sous-race naissante est-elle destinée à demeurer privée d'un Instructeur?

L'Instructeur du monde refusera-t-il de venir, alors qu'autrefois, en pareils cas, il est toujours venu ? Telle est, du point de vue de la logique, la question que je vous prie de vouloir bien considérer ; vous qui trouvez étrange et même impossible que, de nos jours comme autrefois, un puissant Instructeur puisse venir ici-bas pour élever et aider le monde ? En dépit de tout l'orgueil que nous pouvons éprouver pour notre intelligence et notre race, nous pouvons bien nous croire assez petits pourtant pour supporter d'être bénis par la présence de l'Instructeur du monde ; s'Il est venu déjà cinq fois, dans des conditions absolument analogues, à chaque apparition sur terre d'un nouveau type racial, pourquoi ce dernier serait-il hors de série, pourquoi ce qui fut cinq fois de suite ne se reproduirait-il pas pour notre propre génération ? C'est là un point que vous feriez bien de ne pas perdre de vue lorsque vous vous demandez, en m'entendant parler de l'Instructeur du monde, si je rêve, si j'invente, ou si je dis vrai comme ceux qui furent témoins de Sa venue lorsque Ses pieds foulèrent le sol de notre planète la dernière fois qu'Il revint.

Il est encore un autre argument, nullement historique mais frappant cependant, me semble-t-il, et que vous pouvez vous rappeler lorsque vous supputez les chances d'un semblable événement : cet argument se rapporte à ce fait que, en parcourant l'histoire, partout où vous verrez qu'une grande idée s'étend dans l'esprit des peuples, où vous verrez qu'une tendance approche de sa réalisation concrète dans le cours de l'histoire humaine, vous observerez que, lorsque le temps est mûr, l'idée est toujours incarnée en un être qui rend visible sur terre ce qui a graduellement été l'espoir et l'aspiration des peuples. La chose a lieu en des cas d'importance moindre. Des hommes aspirèrent à l'Unité de l'Italie, aspiration qui prit forme en la personne de Mazzini, le prophète et Garibaldi, le guerrier. De même, en Allemagne, où l'on aspirait au *Vaterland* que des poètes chantèrent, que des écrivains réclamèrent en de nombreux livres, et lorsque cette idée se fut répandue dans toute la contrée, que tous les cœurs de la nation y aspirèrent, l'idéal prit corps en la personne de Bismarck, l'homme d'État, en Moltke, le général.

Ainsi donc, il est toujours vrai que du jour où un idéal remplit les cœurs des peuples, qu'il s'étend loin et profondément, un grand homme naît qui incarne cet idéal et le réalise. Aussi, si vous observez ce que je vous disais, il y a quinze jours, qu'une forte tendance s'affirme vers l'union entre religions comme entre peuples, si vous voyez des hommes parler de paix universelle et discutant entre eux la possibilité d'une fédération, vous pouvez alors vous dire que ce mouvement général vers l'union trouvera sa réalisation en ceux qui incarneront l'idée de cette union. Et qui donc fera cette union des religions sinon l'Instructeur du monde qui donna les religions au monde ? Dans ce sens est vrai le proverbe qui dit : « Les événements à venir projettent leur ombre avant de s'effectuer » ; en effet, les événements apparaissent en premier lieu dans le monde spirituel, et l'attente dans les esprits les hommes c'est l'ombre que ces faits projettent en attendant leur graduelle réalisation ici-bas. Ainsi donc, lorsque de tous côtés nous entendons appeler à l'aide le grand instructeur religieux, quand de chaire en chaire s'exprime l'aspiration vers un grand instructeur qui unira entre eux les cœurs des hommes et qui instituera la fraternité des religions dans le monde, nous comprenons alors que nous sommes en présence de l'un de ces mouvements intéressant le monde entier et dont l'idée s'incarne dans les Conducteurs du monde; nous comprenons que cette aspiration vers une religion mondiale universelle s'incarnera en la personne de l'Instructeur du monde qui apportera ici-bas cette Religion.

En pensant à ces points comme à nombre d'autres, et voyant dans le monde, autour de nous, ces grands événements de l'immense panorama qui se déroule à nos yeux, nous nous rendons compte que nous touchons actuellement à l'une des grandes crises de l'histoire humaine; comme l'intuition — cette voix de l'Esprit qui voit loin — confirme la conclusion à laquelle s'arrête la raison elle-même, alors s'élève en nos cœurs cette question : quand Il viendra, le monde l'accueillera-t-il ? Quand Il viendra, le reconnaîtrons-nous? Comment éviterons-nous la réédition de la sombre tragédie qu'illustra Son dernier séjour parmi nous ? L'histoire se répétera-t-elle, les drames de Judée, de Jérusalem, du Calvaire, seront-ils joués une fois encore? immense tragédie sur la scène du monde !

Si, sans tenir compte des siècles passés, du radieux rayonnement que l'adoration de millions d'hommes donna à la figure du Christ ; si, sans tenir compte du sentiment qui vous attire vers lui, vous vous reportez en pensée à la Jérusalem d'il y a deux mille ans, combien différente alors paraîtrait à vos yeux l'histoire de cette vie, combien différemment jugeriez-vous ce nouveau Prophète apparu dans le peuple juif : ne pouvez-vous, par l'imagination, dans une certaine mesure, vous remémorer les principaux caractères de l'époque? Ne pouvez-vous vous représenter le jeune homme inconnu apparaissant au sein d'un peuple fier et hautain, et donnant à ce peuple un message autre que celui qu'on attendait de lui? Ne pouvez-vous vous imaginer le type de l'auditeur qui critiquait le nouveau Messager et qui mettait en doute Sa raison, Sa moralité ? Quelques-uns disent : « C'est un brave homme ! » « Non ! répondent d'autres, il trompe le peuple ! » D'autres encore s'écrient : « Le diable est en lui, il est fou : Pourquoi l'écoutez-vous ? »

Oh ! essayez de revivre un instant ce temps lointain ! essayez de vous dépeindre le sentiment du peuple, de cette épaisse populace qui, tout d'abord, l'écouta avec satisfaction pour lui jeter ensuite des pierres. Le peuple changeait d'avis presque à toute saute de vent, tantôt aimant, tantôt haïssant, tantôt criant : Hosannah ! tantôt hurlant : crucifiez-le ! Efforcez-vous de vous représenter ce que vous auriez éprouvé si vous aviez été l'un des juifs d'alors, devant cet étranger, ignorant de la science des Pharisiens, qui n'était ni Rabbi, ni instructeur reconnu du peuple, qui soulevait peut-être le peuple, mais cause peut-être de mécontentement et même de rébellion, hérétique en religion, et sans aucun doute, un danger pour l'État. Vous comprendrez alors ce calme bienfaisant qui s'empara de Jérusalem lorsqu'on apprit qu'il était mort : tous eurent cette impression qu'ils échappaient ainsi à une source de dangers sans nombre et que le mal venait d'être coupé dans sa racine.

⁂

Comment en effet, un homme connaît-il l'Instructeur ?

Par l'enseignement qu'il donne !

La valeur de l'enseignement du Christ est indiquée par l'histoire ; elle n'apparut pas au peuple qui entendit les paroles de Sa bouche même. La chose n'a rien en soi de surprenant, car plus l'Instructeur est élevé plus il est difficile de saisir la valeur de l'enseignement qu'il donne. L'Instructeur qu'on écoute et qu'on accepte est celui qui s'exprime légèrement mieux que nous et qui répond conformément à ce que nous voulons qu'il nous dise ; ce n'est pas, hélas ! celui qui est loin au-dessus de nous, qui vient entretenir de choses divines les oreilles sourdes d'ici-bas. Oh ! vous et moi le reconnaîtrions-nous s'Il se montrait à Londres aujourd'hui, au lieu de la Jérusalem d'il y a deux mille ans ?

Avant de répondre à cette interrogation par quelque argument nouveau, laissez-moi renverser l'ordre des choses afin de nous rendre compte comment la ville de Londres d'aujourd'hui se serait comportée, il y a deux mille ans, avec ses préjugés actuels, pour combattre l'idée de la venue d'un tel Instructeur, et dans quelle mesure elle aurait été disposée à s'incliner devant les paroles qu'Il nous aurait dites.

Considérez une seule chose, très commune, très simple, très répandue : votre préjugé contre les races de couleur différente de la vôtre. Supposez que le Christ s'incarne dans une race qui soit précisément d'autre couleur que la vôtre, seriez-vous prêts à Le reconnaître comme étant l'Instructeur suprême ? Eh quoi ? Il ne pourrait pas même se transporter dans la plupart de vos colonies ; l'Australie, le Canada, l'Afrique du Sud lui seraient interdits. Ce procédé est pour le moins aussi étrange que la pensée à laquelle obéirent les juifs en refusant de reconnaître le Christ comme un des leurs. C'est là une des questions pratiques qu'il vous faut envisager car, dans le passé, tous les Instructeurs furent des orientaux; tous ont appartenu à des races que vous méprisez aujourd'hui, et que vous croyez inférieures à la vôtre. Qu'adviendra-t-il alors, s'Il prend un corps d'oriental? Serez-vous disposés à L'accepter pour Instructeur? Le Christ était de naissance orientale; mais les hommes qui se réclament de Son nom écartent les orientaux qui sont plus qu'eux, près de Lui, par le sang; et nul ici ne semble attacher à ce fait une bien grande importance; nul ici ne paraît croire que vos préjugés peuvent former un mur qui vous empêchera de Le reconnaître lorsqu'Il viendra. Si donc vous désirez voir clair, la première des choses à faire consiste, pour vous, à vous débarrasser du préjugé de race, de couleur, de cette fierté qui vous incline à penser que la race blanche est la race favorite de Dieu. Aussi longtemps que ces sentiments ne seront pas arrachés des cœurs, aussi longtemps que nous ne cesserons pas d'être protecteurs hautains et condescendants au lieu de tendre à une fraternité égale entre tous les hommes, nous rejetterons le Christ quand il viendra parmi nous, sous prétexte qu'Il n'est pas de notre sang, de notre race.

L'Instructeur, ai-je dit, se reconnaît par son enseignement. Comment serons-nous aptes à reconnaître la spiritualité de l'enseignement s'il Lui arrive d'exprimer les choses d'une façon autre que celle à laquelle nous sommes accoutumés, s'il présente quelque grande vérité spirituelle sous un aspect, sous un jour nouveaux ? En essayant tout d'abord de développer en nous la spiritualité plus que l'intellectualité et l'émotivité, pour nous ouvrir à la vie spirituelle qui reconnaît son domaine lorsqu'elle se trouve en présence de la forme spirituelle la plus élevée et la plus grandiose. Les mesures du ciel ne sont pas celles de la terre, et la *balance* divine n'est pas non plus celle des hommes. Nous admirons souvent les hautes et fières situations ; la splendeur d'un intellect puissant a la magie de l'émotivité ; l'homme spirituellement développé, lui, est doux, calme, pondéré, sans aucun ressentiment. Vous qui êtes toujours prêts à vous défendre contre l'attaque injuste, toujours prêts à prouver que vous avez raison et les autres tort, toujours disposés à frapper lorsqu'on vous a frappés, qui trouvez lâche de subir en silence l'insulte, comment apprécierez-vous la majesté, la dignité, dont Il fit preuve, Son silence lorsque ses juges l'accusaient, Son silence absolu devant les accusations et les vengeances? Quoi! lorsque vous entendez accuser une personne et qu'elle ne répond rien, qu'elle ne se défend pas, ne dites-vous pas qu'elle est certainement coupable, car, autrement, elle se défendrait, et userait de quelque excuse. Mais, au point de vue spirituel, ces moyens ne s'emploient pas, ce ne sont pas là les armes des grands Êtres de la race. « Quand Il était accusé, Il n'accusait pas à son tour; quand Il souffrait, Il ne se vengeait pas; Il s'en remettait à Celui qui sait vraiment juger. » Tel est le secret de la vie spirituelle; la loi est sûre, juste, bonne et point n'est besoin de nous venger nous-mêmes. Si quelque tort vous a été causé, la grande loi vous donnera raison; nul ne peut vous faire tort à moins que vous n'ayez forgé vous-mêmes le fer qui doit vous blesser car, seuls, ceux qui ont mal agi voient les coups retomber sur eux.

Ainsi donc, si vous désirez reconnaître le Christ lorsqu'Il viendra, cultivez l'esprit du

Christ : supportez l'insulte et pardonnez, gardez le silence devant toute accusation, ne vous laissez pas aller à la colère, ne rendez pas le mal qui vous est fait et répondez au mal par le bien. Si vous pouvez développer en vous ces qualités du Christ, vous le reconnaîtrez lorsqu'Il viendra, même si ces qualités qui sont parfaites en Lui sont imparfaites en vous, car leur essence est la même et, grâce à elles, il vous sera possible de reconnaître une grandeur qui, autrement, vous aurait aveuglés.

Si vous voulez connaître le Christ quand Il arrivera, essayez de développer en vous non seulement la douceur et la patience, mais encore toutes les qualités qui entraînent l'homme à la vie spirituelle : l'amour envers tous ceux que vous rencontrez, qu'ils vous soient ou non sympathiques ; la patience de plus en plus inlassable devant l'ignorance et la stupidité ; cet amour qui devient plus ineffable devant la timidité et la faiblesse ; développez ces qualités dont on se rit en disant qu'elles sont féminines et qui, pourtant, honoreraient toute femme les possédant, c'est-à-dire : le cœur sensible et indulgent devant toute misère et qui ne garde rien pour lui, qui donne tout ce qu'il peut donner.

Si vous voulez le reconnaître quand Il viendra, débarrassez-vous de la tendance que vous avez à diminuer ce qui est grand, à trouver des défauts dans ce qui est noble. Tant de gens regardent le soleil et n'en voient que les taches ; aucun homme n'est un héros pour son valet de chambre, dit-on. Pourquoi pas ? non qu'il manque d'héroïsme, mais parce que le valet de chambre est incapable d'apprécier l'héroïsme. Nous critiquons, nous trouvons des défauts, nous nous appesantissons sur de légères erreurs et nous oublions totalement la bonté et la grandeur d'âme de ceux qui sont autour de nous. Oh ! cultivez le sentiment de révérence! bien que cela soit contre nos mœurs actuelles. N'ayez pas honte d'admirer ! n'ayez pas honte de révérer ce qui est plus grand, plus noble que vous, car le fait d'admirer est le commencement de la perfection. En sachant reconnaître ce qui est noble, vous vous approchez de ce que vous admirez et devenez plus nobles vous-mêmes. Honorez la grandeur partout où vous la verrez, dans la vie extérieure comme dans la vie intérieure, dans le génie de l'écrivain, du peintre, du sculpteur, dans la sainteté du saint, dans la compassion du compatissant. En tout homme que vous rencontrez, essayez de voir le beau et non les vilains côtés. Accueillez tout homme, fût-il un criminel, comme un saint en voie de devenir. L'amour et le respect pour ce qui existe en germe fait éclater la semence qui ne tarde plus à croître, à fleurir et à porter ses fruits.

Dieu est en tout homme et si vous ne Le voyez pas, c'est que vos yeux sont aveugles ; et si vous voulez voir le divin dans la toute puissante perfection du Christ, sachez alors percevoir le Christ dans le plus pauvre de vos frères en humanité : alors, seulement, vous Le reconnaîtrez quand Il viendra.

Si vous êtes aptes à éprouver le sentiment de révérence, n'entravez pas l'amour qui s'épanche vers ce que vous savez être plus grand que vous ; entretenez au contraire cette dévotion prête à aimer, prête à donner, à se donner entièrement à ce qu'on sait être supérieur à soi. Oh ! il a été dit qu'il y en eut, autrefois, qui abandonnèrent tout au monde pour suivre le Christ lorsqu'ils le rencontrèrent. Si, quand Il sera parmi nous, en notre xxe siècle, quelques-uns d'entre nous désirent se compter au nombre de ceux qui abandonneront tout au monde pour Le suivre, cultivez alors les qualités voulues dans votre vie quotidienne en attendant qu'Il arrive. Acquérez les vertus qui éclateront en fleurs dès que vous vous trouverez en Sa présence. Essayez de vous imaginer ce qu'Il doit être, Lui, l'Instructeur des anges et des hommes. Essayez de sentir un peu de Son esprit de parfait amour, de saisir un rayon de Sa parfaite pureté, de comprendre un peu de cette puissance qui sait tout vaincre parce qu'elle amène toute chose à la connaissance et à la solution de tous les problèmes.

S'il en est assez parmi nous qui veuillent bien influencer dans ce sens l'opinion publique, cela ne sera plus alors une Croix que le Seigneur rencontrera quand Il reviendra : quand Il sera au milieu de nous, Il ne sera pas accueilli avec un sentiment d'aversion : Il ne restera pas alors trois années seulement avec nous et notre amour ne Le laissera pas partir car l'amour entraîne le Seigneur d'amour Lui-même. Et nous qui aurons essayé de Lui ressembler, nous qui aurons aspiré à Sa glorieuse présence, nous verrons de nos yeux le Roi dans Sa majestueuse splendeur, nous reconnaîtrons l'Instructeur Suprême quand Il reviendra, dans peu de temps d'ici, fouler le sol de la terre.

IV

Problèmes de Sociologie

SACRIFICE OU RÉVOLUTION

Quelques-uns d'entre vous, en lisant le titre de cette conférence, auront sans doute pensé que le sujet choisi est quelque peu inférieur à ceux qui firent l'objet des précédentes conférences. Ce sentiment peut être justifié en ce sens qu'après avoir étudié ce que devait être la religion mondiale, qu'après nous être perdus dans notre admiration pour l'Instructeur du monde, nous voici prêts maintenant à nous plonger dans les problèmes de sociologie à l'ordre du jour, pour nous demander s'ils trouveront une solution par l'abnégation ou par la Révolution. Et pourtant, si l'on veut bien y regarder de plus près, ce qui concerne les besoins et les difficultés de l'humanité semble logiquement devoir suivre les sujets élevés que nous avons traités jusqu'ici ; le ravissement que le mystique doit à sa vision splendide ne peut être en effet vraiment utile que si l'homme apporte, même dans la jungle et le tourbillon de notre vie terrestre, un peu de la beauté et de l'harmonie qui l'ont ravi. Si léger que puisse être l'air pur des cimes, il ne doit pas nous rendre incapables d'envisager les peines et les maux qui pèsent sur l'humanité ; il faut au contraire qu'il nous fortifie dans le désir d'apporter ici-bas quelque remède. Quand l'Instructeur du monde viendra répandre Sa sagesse parmi nous et répandre Son amour sur le monde entier, une partie de Son œuvre consistera à jeter les bases de ce royaume de justice que Ses disciples auront pour mission de parachever sur terre. Je ne pense donc pas que le sujet que j'ai choisi pour ce soir puisse être considéré comme étant inférieur aux précédents ; il en est plutôt une suite logique et naturelle, il nous restait à l'aborder afin de nous rendre compte de la façon dont nous pouvons aider nos frères, préparant ainsi la voie pour la venue du Seigneur.

⁂

Ceux d'entre vous qui ont lu les journaux de cette dernière quinzaine, qui les ont lus avec attention, avec une prédisposition à laisser s'ouvrir leur esprit à des vues plus larges que celles actuellement en honneur, n'ont pas été sans remarquer, — comme ceux mêmes qui n'y ont porté qu'une médiocre attention, — que trois sujets principaux remplissaient les colonnes de la première page ; la juxtaposition de ces sujets a dû certainement les frapper. L'un relatait, dans tous ses détails, la manifestation grandiose de ces jours derniers, à l'occasion du couronnement du Roi et de la Reine. La colonne suivante donnait le compte rendu des grèves qui viennent d'éclater dans le monde ouvrier du Nord, des conflits qui se sont élevés dans cette région entre le travail et le capital, âpre lutte qui ruine et menace l'industrie. Après ces deux sujets : la splendeur de la civilisation d'une part, et les grèves faisant une tache à cette splendeur de l'autre, vous avez pu constater qu'une colonne de journal était invariablement consacrée aux récents triomphes de l'aviation, aux vols entrepris dans les airs par des hommes, aux nombreuses courses au-dessus des terres et des mers.

Or, chacune de ces trois questions, réguliérement reproduites côte à côte, a sa signification ; il s'en dégage pour nous une leçon que nous apprendrons ce soir, leçon qui nous offre une vision de la civilisation actuelle, une idée des forces mises en œuvre parmi nous, des tendances de la civilisation dont nous sommes parties intégrantes. Et si je prends, comme préliminaires à ma conférence, les trois sujets que je viens de citer, c'est afin de vous faire ressortir les divers problèmes que nous avons à résoudre pour juger ensuite de la meilleure solution possible à leur donner.

Arrêtons-nous tout d'abord au premier de ces sujets, celui qui, durant ces jours derniers, a tant occupé la pensée et l'attention du peuple ; spectacles pompeux, processions qui accompagnèrent le couronnement de nos souverains.

En considérant l'attitude des foules qui ont pris part à ces cérémonies, en cherchant à saisir ce qui pouvait bien les attirer et quel plaisir elles y trouvaient, demandons-nous quels furent les sentiments qui animèrent ces interminables théories d'hommes et de femmes pressés en foule ? Il est certain qu'une partie de ces sensations était due à la jouissance éprouvée par la vue du spectacle déployé, le plaisir éprouvé à voir quelque chose de brillant, d'éclatant, dérivatif agréable aux occupations de la vie ordinaire, habituellement monotone et ennuyeuse ; c'était le plaisir de voir de belles choses ; ce déploiement de faste les attirait et les émerveillait et cela les changeait de la vue de ces rues tristes de Londres, de ces maisons grises et mélancoliques qui servent d'abris à plusieurs millions de Londonniens ; c'était le plaisir enivrant et passager de pouvoir jeter un regard sur une vie si éloignée de la leur. Pourtant, en dehors de ce plaisir si naturel, on discernait dans l'attitude de la masse un certain orgueil dû à la grandeur étalée par l'Empire pendant que se déroulait dans les rues le long cortège ; de plus, un accueil enthousiaste était fait aux représentants de l'Empire, aux délégués des Colonies, à ceux qui représentent l'immense Empire des Indes ; il se dégageait de là deux choses importantes qui, pour la foule, symbolisaient le mieux la grandeur de leur nation, c'est-à-dire : le pouvoir et la puissance de l'Empire qui s'étendent sur une grande partie du monde.

Un troisième facteur entrait aussi en jeu : l'affection réelle et vraiment profonde pour les deux souverains autour de qui tout ce faste était déployé. Tout clairvoyant dont la vision s'étend au delà du plan physique, n'aura pas été sans remarquer les épais nuages cramoisis qui, pendant le cortège, flottaient au-dessus du couple royal et l'enveloppaient, le cachaient presque sous leurs éclatantes couleurs. Ceux qui connaissent tant soit peu la signification de ces couleurs, savent que ces nuages cramoisis étaient le résultat d'un amour réel, d'une affection profonde pour les deux souverains qui se montraient au peuple. Si, par hasard, il en est parmi vous qui aient assisté aux grands cortèges de la Reine Victoria, celui de son jubilé, entre autres, ils n'auront pas été sans noter la différence de l'accueil qui lui fut fait en constatant les différences entre les couleurs d'aujourd'hui et celles de l'époque ; en effet, autour de cette vénérable femme qui tint si longtemps le sceptre de l'Empire, ce fut le dévouement qui s'exprima plutôt que l'amour, un amour à son plus haut degré d'expression, un amour fait du dévouement le plus entier envers sa personne et de complète vénération pour la Reine. Le sentiment manifesté par la foule l'autre jour ne fut pas tout à fait le même ; on y voyait moins de ce bleu exquis qui signifie le dévouement teinté d'une sorte de culte ; il y avait un sentiment naturel, plus humain, d'amour et de sympathie pour ceux autour de qui, bien que les connaissant peu encore, la nation commence à s'attacher de tout cœur et très rapidement. Cela était vraiment du plus haut intérêt, car cet amour est l'une des grandes forces conservatrices de la nation ; je n'entends pas employer le mot : « *conservatrice* » dans son sens politique, mais bien au sens humain, c'est-à-dire : qui aide à maintenir, à construire, à élever, car l'amour et la loyauté d'une nation pour son chef sont parmi les forces les plus puissantes qui contribuent à garder l'homogénéité de l'Empire. Et dans cet amour pour la royauté, sentiment qui plane bien au-dessus des luttes de partis, réside la promesse d'un empire durable et fort, quelles que soient les difficultés en présence desquelles il peut lui arriver de se trouver.

Mais, çà et là, parfois proférées, parfois seulement ressenties, des questions se sont élevées quant à la valeur de semblables spectacles, ne sont-ce pas là d'énormes et inutiles dépenses ? Telle fut la critique portée, pendant et depuis les cérémonies, par des gens qui évaluaient approximativement ce qu'aura coûté ce déploiement de luxe. La vue de Covent-Garden Opera House, avec ses monceaux de roses, put paraître briller d'un éclat douteux aux yeux de quelques-uns qui pensèrent aux hommes, aux femmes, aux enfants affamés vivant dans cette capitale où ce fastueux spectacle était admiré. Ce sentiment, très humain, si naturel soit-il, me paraît pourtant peu justifié ; il résulte d'une petitesse d'esprit, car les dépenses faites en cette circonstance n'apporteraient aux affamés qu'un soulagement de bien courte durée, tandis que les sentiments d'amour et de loyauté émanés du cœur de la nation tout entière, sont d'un prix inestimable. Dans une nation comme la nôtre, les occasions ne manquent pas où l'argent est gaspillé pour un mobile beaucoup moins noble que celui qui a pour but de manifester la joie de tout un peuple qui voit couronner son Roi.

On suffirait aux dépenses de bien des couronnements en utilisant les sommes versées chaque année pour le *drink-bill* qui implique tant de femmes battues, tant d'enfants martyrisés, de foyers ruinés, de santés détruites ! Je ne crois vraiment pas qu'une nation qui gaspille des millions pour l'exploitation des boissons fortes ait le droit de blâmer les dépenses de ces jours derniers. Si vous ajoutez à cela les millions consacrés au maintien de la paix armée, à la construction incessante de tous ces navires de guerre destinés à faire échec aux pays qui nous inspirent une certaine crainte, lorsque d'un cœur léger on voit gaspiller des millions pour détruire des vies humaines, alors, je ne vois vraiment pas bien quelle raison on aurait de se plaindre du prix des fêtes récentes.

On objecte aussi que ces fêtes ont eu un aspect par trop militaire, qu'on y voyait trop de soldats, d'uniformes, de clinquant. C'est votre propre faute. Vous avez rendu la vie quotidienne si affreusement laide que, pour avoir un peu de beauté, vous êtes forcés de vous adresser à la Cour, à l'armée, à la marine. L'Eglise elle-même, — bien que dans cette circonstance elle ait participé un peu à la beauté des cérémonies — est encore sous l'influence de la première moitié du règne de la Reine Victoria, époque pendant laquelle on estimait que la laideur dans les choses était spirituelle et que chercher le beau, c'était rendre un culte au démon. Vous n'avez donc rien à reprocher, car si nous voulons jouir d'un beau spectacle, nous sommes bien obligés de prendre les choses belles là où elles se trouvent. Beauté, cérémonial, sont aujourd'hui l'apanage de la Cour, de l'Eglise, de l'Armée, de la Marine. La vie ordinaire a été faite laide et l'habillement que l'on porte est hideux. Comment organiser un beau spectacle avec des têtes coiffées d'un haut de forme, des personnages vêtus de vestons et de pantalons. Il n'y a rien de beau dans la vie ordinaire. Pour se rendre compte de ce que la vie pourrait offrir de beau et de gracieux, il faut se remémorer les cortèges historiques, remonter au temps de la reine Élisabeth, des rois Charles pour retrouver beauté, grâce, couleurs qui existaient alors dans la vie journalière, tant dans les basses classes que dans les moyennes. Aujourd'hui, notre civilisation est entièrement dépourvue de belles choses, nous les avons remplacées par la laideur en sorte que, si nous voulons jouir de beaux et gracieux spectacles, il nous faut aller là où ils sont encore, dans les services qui, seuls, les ont conservés au milieu de notre brouillard. Personnellement, j'avoue qu'après avoir vu passer la masse compacte du peuple, laid, sombre, monotone de couleur et d'aspect, la vue du Premier Lord de l'Amirauté avec son habit galonné d'or et son chapeau à plumes, fut pour moi un véritable plaisir ; ce me fut une vue agréable que celle d'un personnage habillé de vêtements ni laids, ni repoussants. Si vous voulez diminuer le caractère militaire des cérémonies, apprenez à mettre un peu plus de beauté dans vos foyers et dans la vie ordinaire ; ne croyez pas que c'est être pratique que d'aimer les choses laides, ne croyez pas que le beau tienne du rêve et du superflu.

∴

Abandonnons ce sujet, portons maintenant notre attention sur la seconde colonne consacrée aux comptes rendus des troubles regrettables qui se produisent aujourd'hui. Ce qu'il y a de plus triste à cet égard, c'est de voir le crime qui les accompagne, de voir les incendies volontairement allumés, de voir mettre le feu aux navires, en cinq endroits à la fois, dans la même compagnie maritime. Les préjudices portés à ceux qui ne sont pas directement en cause dans cette lutte entre le travail et le capital, deviennent maintenant journaliers et c'est précisément ce qui fait craindre la possibilité d'une révolution, étant dès lors donné que la haine domine et qu'un sentiment de vengeance s'empare du cœur humain. Ceci se remarque davantage en France où subsiste encore cet esprit qui fit éclater la Révolution ; on y voit une ligne de chemins de fer mise en pièces parce que les employés sont mécontents ; on risque la vie de centaines d'innocents pour terroriser ceux que les mécontents veulent amener à capituler ; on agit donc là comme en temps de guerre, l'innocent souffre comme le coupable ! Que doit-on en conclure ? Que notre civilisation est si peu forte que les classes partent de fait en guerre les unes contre les autres, bien que le mot guerre ne soit pas employé ; quand les mécontents profitent du moment où la sécurité publique est le plus compromise pour frapper, vous vous trouvez bel et bien en présence d'une situation qui n'est rien moins qu'une guerre civile. Le sentiment de la responsabilité, du devoir vis-à-vis du public, de la place que chaque citoyen occupe dans l'ordre social et de ses devoirs envers l'État, ce sont là autant de qualités qui manquent presque totalement, qui disparaissent, tant dans la classe ouvrière que dans les classes les plus élevées. Or, quand le sentiment du devoir n'existe plus dans une nation, quel sera donc le bouclier qui nous protégera contre une guerre civile, ou une révolution ?

***

Passons à la troisième colonne. Je n'en parle que pour indiquer les progrès faits dans le domaine de la science, progrès merveilleux dus aux conquêtes que cette science a remportées sur la nature au cours de ces deux derniers siècles dans le but d'enrichir la vie de l'homme et de la rendre plus facile. Regardez en arrière et comparez le passé au présent ! j'arrive ici à un point extrêmement important, au facteur le plus puissant qui soit pour amener inévitablement un grand changement dans l'ordre social. Notre époque est celle de la machine, de la puissance motrice appliquée à toutes les formes de la production et du travail de l'homme. L'introduction de la science appliquée à l'industrie a révolutionné celle-ci, transformé toutes ses conditions, multipliant énormément le pouvoir de production. Là où autrefois bruissait le métier, s'entend le fracas des machines ; là où l'artisan travaillait de ses mains, la machine le remplace, l'ouvrier n'a plus qu'à diriger sa marche, et encore ce contrôle devient-il de moins en moins nécessaire à mesure que les perfectionnements interviennent. Ce n'est pas seulement dans l'industrie que s'effectue une révolution. Les moyens de transports subissent les mêmes changements, les communications lentes sont peu à peu remplacées par de plus rapides, la vie humaine se confie de plus en plus à la machine. Voyez les rues de Londres! ce genre de progrès y est manifeste; les chevaux disparaissent remplacés par les automobiles. Sur mer, l'électricité tend à remplacer la vapeur et l'air lui-même est sillonné par l'homme. Cette même révolution ne s'effectue-t-elle pas aussi dans les intérieurs? Les tapis sont nettoyés par des machines, le pain est pétri par la machine, celle-ci tendant de plus en plus à se substituer au travail de l'homme.

Demandez-vous ce que tout cela peut signifier, quels sont les résultats pratiques qui peuvent en découler? La chose est claire. Il s'ensuit une surproduction; cette surproduction devrait entraîner, pour le public, un confort plus grand, elle devrait impliquer, pour les jeunes gens, une éducation plus longue, ces jeunes gens n'étant plus nécessaires, là où le mécanisme a accru dans une si grande mesure la production de l'homme; elle devrait entraîner la cessation de l'emploi de l'enfant, qui ne devrait plus avoir qu'à s'instruire au lieu de produire; cette surproduction devrait avoir pour résultat : moins d'efforts dans tous les domaines de l'industrie, plus de loisirs à l'ouvrier qui, maintenant, peut fournir cinquante fois plus de travail en une heure qu'il n'en fournissait il y a deux siècles. Les loisirs qui sont l'apanage d'une seule classe devraient s'étendre au peuple entier avec tous les avantages immenses que l'on peut en retirer. Je n'entends pas ici la paresse, car le travail est une joie pour l'homme quand ce travail est conforme à ses aptitudes et qu'il ne dépasse pas ses forces ; d'ailleurs, en général, la paresse est tout aussi ennuyeuse qu'un travail interminable. Ce dont j'entends parler, c'est du loisir qui aide à récupérer les forces, qui laisse le temps de cultiver la littérature, de jouir de tous les arts. Voilà ce que devrait léguer la science au peuple. Le peuple tout entier devrait être plus heureux quand la science lui a appris à utiliser les grandes forces de la nature. Les machines devraient faire tout le travail désagréable de la communauté, extraire le charbon des mines et se substituer aux hommes qui creusent la roche comme les taupes dans leurs terriers ; la machine devrait remplacer dans ces mines les chevaux sans cesse torturés par un dur labeur.

La machine, qui ne pense, ni ne souffre, ni ne sent, ne devrait-elle pas accomplir tous les travaux pénibles, ennuyeux et dégradants? Voilà ce que la mécanique doit apporter au peuple.

Qu'a-t-elle fait jusqu'à présent?

Elle a édifié, pour un petit nombre, d'immenses fortunes et, en bien des points de vue, a laissé l'ouvrier dans une condition plus triste qu'auparavant. Elle a empoisonné l'air et l'eau, elle a contribué à accumuler des masses de gens dans des rues tristes et boueuses, comme à Sheffield, Bradford, Leeds, restreignant ainsi la vie des individus, minant la santé, diminuant la vitalité. Alors que, pour quelques-uns, elle a été une source de richesse, elle est pour un grand nombre la cause d'une diminution de vie. Je n'oublie pas qu'elle a eu aussi pour résultat de rendre moins chers les produits industriels qui sont maintenant plus à la portée de tous, mais la chose a lieu bien souvent au détriment de la qualité et de la beauté. C'est pourquoi la machine a été, en général, pour le peuple, une malédiction plutôt qu'une bénédiction.

Pourquoi? Pourquoi cela est-il?

Cela vient tout simplement du manque de ces sentiments de la responsabilité et du devoir dont je parlais il y a un instant, au sujet des mécontents qui sont prêts à employer la force et l'injure, et à menacer la sécurité publique dans leurs luttes contre leurs patrons. L'indifférence, la répugnance à endosser une responsabilité est beaucoup plus blâmable chez l'homme riche et cultivé que chez l'ignorant pauvre. Et ce manque de sentiment de la responsabilité a commencé par se montrer dans les classes supérieures; de là, comme un poison, il s'est infiltré dans tout l'organisme du corps de l'État; le sentiment du devoir vis-à-vis de la masse a divorcé aujourd'hui avec le rang, la puissance, la richesse, et cela, dans une mesure telle que l'on n'en trouve aucun précédent dans aucune des civilisations antérieures de l'histoire. C'est là qu'est le danger, qu'est la menace pour demain, car la perte du sentiment du devoir public, dans la plupart des classes de la nation, peut provoquer une levée en masse du peuple, d'où découlera l'inévitable misère. C'est pour cette raison que doit se réveiller le sentiment du devoir public, c'est pour cela que les hommes doivent de nouveau comprendre qu'à la richesse, à la puissance, au rang, doit s'allier le sentiment du devoir vis-à-vis de la masse, de la patrie, de la communauté. Ce n'est que lorsque ce sentiment se sera réveillé, que des signes manifestes de ce réveil se seront fait sentir en Angleterre, que sera évité le danger menaçant de la lutte entre la classe injustement riche et ces foules injustement pauvres et misérables.

En disant que, dans la civilisation actuelle, le sentiment du devoir a divorcé avec la richesse et le rang, plus que dans aucune autre civilisation connue de l'histoire, j'ai ainsi usé d'une phrase que quelques-uns d'entre vous sont peut-être portés à récuser. Veuillez donc me permettre de la justifier en m'en référant aux deux grands systèmes dont on peut encore s'inspirer ; ils sont, même aujourd'hui, assez récents pour être du domaine de l'histoire.

Prenez la civilisation de l'Inde telle qu'elle existait il y a quatre à cinq mille ans, sans remonter plus loin dans le passé. Elle est aujourd'hui tombée en décadence, mais la valeur de ses principales idées subsiste. Cette civilisation était — et est encore — désignée sous l'appellation générale de système des castes. Or, en quoi a consisté ce système à son début et dans son œuvre pendant des milliers d'années ? Très haut placée sur l'échelle de la communauté, existait une grande classe d'hommes, pauvre en cette richesse telle qu'on la comprend aujourd'hui, mais riche en science. C'était la classe des brahmanes. Par obligation héréditaire, ils étaient astreints à l'étude, étude sérieuse, approfondie, durant toute leur enfance et leur jeunesse ; puis, arrivés à l'âge d'homme, leur devoir consistait à servir d'instructeurs, sans espoir de récompenses d'aucune sorte, sans rémunération; ils étaient obligés de donner à tout jeune homme qui se présentait l'enseignement que celui-ci désirait, l'éducation à laquelle il aspirait. Pauvres, ne vivant que par la charité du peuple, mais honorés par ce peuple comme aucune caste ne l'a jamais été, vêtus seulement de deux robes de cotonnade, les rois, pourtant, se levaient de leur trône pour les saluer, pour venir s'incliner à leurs pieds ; au lieu des richesses, ils avaient les honneurs et leur unique devoir était de se consacrer à l'instruction et à l'éducation du peuple.

Après cette classe, venait celle des gouvernants — seconde classe dans le pays car la première était celle de la science et non celle où se rencontraient puissance ou richesse. Celle des gouvernants était forte, splendide ; elle comprenait, avec le roi, ceux qui étaient chargés de faire respecter les lois, les soldats qui défendaient la nation, la police qui, elle, maintenait l'ordre intérieur ; tels étaient les membres constituants de cette grande caste de l'État.

Venaient ensuite ceux qui se vouaient à l'industrie, banquiers, négociants, dont le devoir était d'accumuler la richesse, — je dis *accumuler* et non *accaparer* ; — ils l'accumulaient afin de l'utiliser en cas de besoin. C'est cette caste qui portait en réalité le fardeau de la nation. C'est elle qui était chargée d'accumuler les richesses pour que celles-ci soient utilisées à aider et à secourir le peuple, à bâtir des temples pour le culte, à entretenir les brahmanes pour l'enseignement, à construire sur les bords des routes des abris où les voyageurs pouvaient se reposer, à creuser des puits où tous pouvaient venir puiser l'eau, à planter des arbres pour que les routes fussent ombragées ; à édifier et à entretenir des hôpitaux aussi bien pour les animaux que pour les hommes ; tels étaient les devoirs de charité imposés par la loi et l'opinion publique à la caste des marchands.

Après ces trois grandes classes venait celle des artistes, des artisans, des agriculteurs, des laboureurs. Tous ceux-là, est-il dit dans la loi, devaient être considérés comme les plus jeunes enfants de la maison ; leur devoir était : le service, leur récompense : le confort, la protection.

Ce système est aujourd'hui tombé en désuétude. Pourquoi ? Parce que les classes supérieures ont oublié le devoir qui leur incombait. Telle est, en principe, la principale cause de la déchéance de la nation. Ceux qui auraient dû être pauvres et instruits se sont appliqués à accaparer les richesses du monde, ils se sont servis de leur prestige pour s'enrichir au lieu de servir ; ils ont fait de leur caste une sorte d'association commerciale privée, pour ainsi dire, dont tous les autres sont exclus, alors qu'autrefois tous ceux qui témoignaient des qualités suffisantes pouvaient être admis dans la caste des brahmanes. Ainsi donc, peu à peu, la civilisation déchut, s'éloignant de ces grandes époques dont il est écrit, dans leur histoire, qu'il n'y avait pas un homme qui ne sût lire et écrire ; elle descendit jusqu'à l'ignorance et la dégradation actuelles.

Et cependant, malgré sa décadence, malgré ses fautes, malgré les mille années écoulées depuis sa conquête, le peuple hindou, laboureurs, ouvriers, forment une population beaucoup plus heureuse que la classe correspondante ici. Leurs physionomies sont gaies, leur vie plus joyeuse ; leurs demeures, leurs vêtements, leur entourage, ne sont pas dénués d'une certaine beauté ; plutôt raffinés, leurs mœurs sont douces ; leur attitude peut être comparée, pour la courtoisie et la distinction, à celle des classes élevées d'ici, attitude qui, là-bas, est commune à la masse du peuple. Lorsqu'on les rencontre, revenant de leur travail, on est surpris de les voir souriant, chantant, toujours gais et contents ; sauf quand la famine décime le pays, il n'est pas de population plus heureuse, ni plus satisfaite, ni plus sobre tant est admirable, même dans sa décadence, le grand système social de l'Inde.

Passons au système féodal en honneur en Europe durant tant d'années. La noblesse payait en service le rang et la puissance qu'elle détenait ; les familles les plus anciennes de cette classe occupaient militairement leurs propriétés ; elles étaient tenues de défendre le peuple et en dédommagement de leurs titres de propriétaires, elles n'imposaient aucune taxe au peuple, ni à l'armée, ni à la marine, ni pour les forts élevés sur les frontières ; les taxes frappaient uniquement les haut placés qui, de plus, et en retour des privilèges dont ils jouissaient, devaient être prêts à verser leur sang en cas de danger. En ce temps-là, on appelait la nation : la joyeuse Angleterre. Ce n'est plus aujourd'hui la joyeuse Angleterre.

Oh! il y avait de nombreux abus! me direz-vous! C'est vrai, mais il n'empêche que la masse était plus heureuse qu'à présent, que la vie était plus gaie, plus radieuse, plus lumineuse que dans notre civilisation du xxe siècle ; les divisions entre les classes étaient moins marquées, l'union entre elles plus spontanée parce qu'il y avait un système et non cette anarchie commune à notre soi-disant civilisation.

Nous arrivons ici à un point d'une extrême importance.

L'ordre, — même si cet ordre n'est pas parfait, — vaut mieux encore pour l'humanité que le désordre ou que le manque d'organisation, car, d'un côté, l'homme progresse, de l'autre il dépérit. C'est là qu'est actuellement le danger pour notre race. C'est pour les raisons que je viens de vous indiquer, que je disais tout à l'heure que jamais dans l'histoire on n'avait vu divorce aussi marqué entre le devoir et le rang et la puissance. C'est là un mal auquel il s'agit de trouver un remède, c'est là qu'est pour l'Angleterre le nœud gordien à dénouer, c'est là que réside la chance de salut qui lui reste encore. Voyez quelle tournure prennent actuellement les événements ! Bien ou mal, selon les partis politiques en présence, un effort est tenté en vue de prendre à une classe pour donner à l'autre ; mais prendre par la force, même si cette force est la majorité, voilà qui ne peut établir une paix sociale durable.

Oh ! vous écrierez-vous ! qu'on nous débarrasse de la Chambre des Lords ! et nous ne nous en porterons que mieux. Vous oubliez, en en appelant ainsi à la passion populaire, qu'une partie seulement des membres de la Chambre des Lords sont *Lords* par hérédité ; tous les autres, c'est vous qui les avez nommés et choisis comme tels ; dans les lettres, les arts, les sciences, pour leur concéder un titre digne de la noblesse de leur âme. Mais vous oubliez que les hommes qui en font partie ont édifié votre Empire et que, dès qu'une personnalité s'élève au-dessus de la masse des concitoyens, c'est dans cette Assemblée que le gouvernement l'envoie, afin qu'elle ajoute son savoir et son expérience au trésor du conseil permanent de la nation. Faites ce que bon vous semblera car c'est à vous qu'appartient le pouvoir, mais rappelez-vous que compter les têtes sans les peser n'est pas toujours le meilleur moyen d'édifier un puissant empire.

Et après tout, que pouvez-vous faire ? Parmi les grandes réformes effectuées quelle est celle qui, en Angleterre, a fait un héros de l'un de ses hommes d'État? Est-ce celle concernant les pensions accordées aux vieillards? Je ne nie pas qu'il soit mieux d'avoir cela plutôt que ce qui existait auparavant, mais, après tout, si vous voulez bien écarter le préjugé d'après lequel on trouve naturel que la masse soit vouée à la pauvreté, persisterez-vous à penser que le fait de verser quelques shillings par semaine pour éviter à un vieillard d'entrer dans un *Work house* soit, de la part de la nation, une compensation suffisante à la force que ce vieillard a dépensée durant sa jeunesse, au travail qu'il a fourni durant sa maturité, au labeur ingrat et pénible auquel il s'est adonné toute sa vie pour, finalement, succomber par la lutte et le surmenage? Est-ce là la seule reconnaissance que l'Angleterre doive à ses travailleurs? c'est-à-dire leur concéder quelques shillings empruntés à cette colossale richesse issue de la production à laquelle ils ont participé? Non ! ce ne peut être par quelques réformes ainsi obtenues par les exigences d'un parti, ni par les luttes parlementaires que vous édifierez, dans votre nation, une civilisation qui devrait donner l'exemple à tous les autres pays du monde; c'est en modifiant, c'est en transformant la mentalité du peuple qu'il deviendra possible d'opérer les changements qui feront de cet Empire ce qu'il devrait être, ce qu'il deviendra peut-être dans le concert des peuples.

Mais, me répondrez-vous, si vous ne voulez pas poursuivre ce but en attaquant les privilèges, en établissant des impôts ici et là, comment vous proposez-vous donc d'arriver à ces changements que tous s'accordent à reconnaître nécessaires?

Par le *sacrifice* de ceux qui possèdent et non par la *révolution* ou la levée en masse de ceux qui n'ont rien.

La révolution détruit et n'édifie pas.

Les ignorants pourront se révolter, mais ils sont incapables d'édifier.

Ce n'est pas aux miséreux et aux affamés à établir un ordre social permettant à tous de vivre dans la paix et le bonheur, de profiter des loisirs, de la beauté et des délices de la vie. Et si je plaide aujourd'hui cette cause, celle du sacrifice, c'est parce qu'il me semble qu'il existe dans cette nation des choses inestimables qu'une révolution réduirait à néant, c'est-à-dire : les fruits du passé, les coutumes en usage depuis des siècles, la dignité, la grâce, le sentiment de beauté qui fait que la vie est réellement humaine, et non une lutte incessante entre sauvages ennemis. Ces choses qui, aujourd'hui, sont l'apanage d'une seule classe, doivent s'étendre à la nation tout entière. Notre but ne doit pas tendre à abaisser ceux qui se sont élevés, mais à élever ceux qui se trouvent au bas de l'échelle. Il est facile de détruire, mais plus difficile encore de construire. La France actuelle doit être pour vous un exemple des pertes que causent les violences d'une révolution éclatant à la suite de réformes trop longtemps ajournées.

Quels seraient les résultats obtenus si ceux qui sont au sommet de l'échelle sociale, les riches et les puissants, comprenaient que leur situation leur impose des sacrifices, s'ils ne se contentaient pas de vivre dans le luxe et l'oisiveté ? Il s'ensuivrait d'abord que les cerveaux les mieux doués parmi eux, songeraient, au milieu des loisirs que leur donne leur vie indépendante, à dresser les plans d'un ordre social qui remplacerait le désordre actuel, un ordre basé sur la raison et les faits, un ordre auquel ils apporteraient leur connaissance du monde et leur expérience de la vie pratique. Que nous faut-il en effet aujourd'hui sinon un nouvel ordre social, né de la réflexion et non de la lutte, élaboré par la pensée réfléchie et non par les luttes dans le Parlement ou dans les rues. Le politicien vit au jour le jour ; que peut-il quand le parti gouvernemental impose sa volonté dans la nation? Il ne peut que chercher à tirer le meilleur parti qu'il peut obtenir de son opposant ; il doit repousser aujourd'hui ce qu'il adoptera demain avec le gouvernement. C'est le jeu de va-et-vient des partis. Ce qu'il nous faut, c'est un plan définitif pouvant servir à l'édification complète d'une nation. C'est donc aux cerveaux les plus doués de la classe riche que cette tâche importante incombe.

En considérant ces fortunes colossales, inouïes, acquises au prix du travail de millions d'hommes, on se demande quel est le devoir de ceux qui les détiennent en présence des troubles qui nous agitent aujourd'hui. On peut voir que l'Amérique commence à réaliser ce programme grâce aux vastes organisations qui s'y créent. Quelques-uns d'entre vous se rappelleront peut-être ce que je disais il y a deux ans en parlant des changements à venir[1] ; j'indiquais comme probable, que cette compétition extrême, résultat de ce qu'on appelle *Trusts*, apporterait, par son exagération même, son propre remède, remède amenant un état de choses meilleur et plus équitable. Or, qu'arrive-t-il à présent en Amérique ? Le propriétaire du plus grand de ces Trusts, concernant la Compagnie de Fer et Acier, conseille au gouvernement américain d'instituer un Ministère de l'Industrie et de nommer ministre de l'Industrie le propriétaire dirigeant actuellement cette compagnie qui, dès lors, dépendrait du Ministère ainsi constitué ; cette Compagnie serait de la sorte placée sous le contrôle de l'État, elle ne serait plus le monopole de quelques-uns qui amassent ainsi d'énormes fortunes. Le promoteur de l'idée donne comme raison qu'une nation ne peut continuer à subsister par cette méthode ruineuse de la concurrence et que le *Trust* nous met sur la voie en nous montrant comment il est possible d'organiser l'industrie sur des bases beaucoup plus économiques. Il suggère encore que c'est la nation elle-même qui devrait prendre cette initiative, et non la

1. Voir *Le Monde de Demain*, par Annie Besant. (N. d. T.)

Compagnie ; celle-ci serait nationale et non plus un monopole hostile à l'État.

Voici donc un premier pas très important de fait en vue de transformer la tyrannie de certains en une organisation nationale qui régularisera l'industrie au profit de tous, mettant fin ainsi aux grèves causées par la coopération et l'organisation économique. Telle est dans la vie juste, la voie que les détenteurs de grandes fortunes devraient prendre.

Vient maintenant la question de l'éducation. Le devoir de ceux qui ont acquis leur fortune grâce à la coopération de la nation, en général, est de rendre cette fortune en éduquant les masses qui ont contribué à les enrichir. La chose commence à être mise en vigueur, en Amérique, grâce à de larges dons faits au peuple, dons amassés au prix du travail de ce dernier. Ici, en Angleterre, avant-hier, j'ai vu moi-même quatre personnalités, fort riches, faire un don de deux cent mille livres pour la construction du collège de Reading d'après les plans d'une université. Si cet esprit se répand, si les gens emploient leurs richesses à donner l'instruction au lieu de se complaire dans le luxe et l'oisiveté, alors commencera à régner vraiment cet esprit de sacrifice qui consiste pour l'homme à donner volontairement au lieu de se voir arracher, par la force, ce qu'il possède ; cet esprit de sacrifice qui fait ouvrir et tendre la main pour combler, au lieu d'attendre que la richesse lui soit enlevée par force de loi.

Les manufacturiers possesseurs de grosses fortunes peuvent aussi ce qu'un ou deux d'entre eux ont déjà fait, c'est-à-dire : rendre les conditions d'existence, pour les ouvriers, meilleures qu'elles ne le sont aujourd'hui pour la plupart, en créant partout des cités-jardins où les travailleurs peuvent vivre en dehors de la ville et y recouvrer l'énergie épuisée par le travail de la journée, où des jeux sont préparés pour eux, où des champs s'étendent autour de leurs demeures, où des théâtres leur donnent des représentations, où des salles sont installées pour des conférences et des concerts. Là encore se présente une façon de consacrer les grosses fortunes au bien commun et de récolter, en retour, une fortune plus grande, fortune faite d'amour, de reconnaissance, avec la satisfaction d'avoir ainsi contribué à la stabilité de la nation à laquelle on appartient.

De même que nous verrons les cerveaux les mieux doués consacrer leurs loisirs à éclairer, quant au point de vue intellectuel, les problèmes sociaux, que nous verrons les grosses fortunes servir à la réalisation des plans élaborés par les penseurs, de même nous verrons que le devoir des jeunes de la classe riche, sera de chercher un travail utile qui justifiera leur raison d'exister et qui leur permettra d'être les ouvriers volontaires et non rémunérés de la nation. Je n'ignore pas que beaucoup œuvrent déjà dans ce sens, je n'oublie pas non plus que le sentiment de devoir se fait jour dans les classes dont je parle, mais je déclare ici que personne, — homme ou femme, possédant fortune, santé, loisirs, — personne ne doit refuser de consacrer quelques heures à un travail gratuit parmi les individus moins fortunés, de partager avec eux le raffinement et le bien-être qui sont un cancer, une source de mal, s'ils ne sont pas partagés avec le peuple. Il n'est pas un seul de ces privilégiés qui ne puisse donner un peu de son bonheur aux pauvres. Ils pourraient ouvrir des théâtres où seraient représentées des pièces d'un genre pur et noble, donner des concerts gratuits où l'on entendrait de la bonne musique, non la musique savante qu'un public non entraîné ne peut comprendre, mais celle qui, graduellement, élève le goût musical tout en faisant évoluer les facultés artistiques. En agissant ainsi, vous les aiderez, après comme avant leur mort, car vous éveillerez en eux la vie des émotions supérieures, vous les élèverez dans leur humanité. Il conviendrait aussi de fraterniser davantage, dans les sports aussi bien que dans l'instruction. La chose est facile à la campagne où les champs sont largement ouverts ; elle est plus difficile à la ville, mais pas assez pour que des cœurs aimants et des cerveaux solides ne puissent réussir à tourner la difficulté. Si les classes élevées voulaient partager avec le peuple, — il ne s'agit pas ici d'argent, — mais leur cœur, en camaraderie, en amitié, secours, raffinement, culture, — s'ils le voulaient, tout danger de révolution serait écarté, car personne n'aurait l'idée de se soulever contre ceux qui se sont unis au peuple par le cœur, par l'amour, par le service.

Cela comporte un changement dans les pensées, un changement d'idéal ; cela comporte la faculté de comprendre la vie comme n'étant précieuse qu'autant qu'elle est consacrée à rendre service et à faire plus heureux le monde dans lequel nous sommes nés. L'argent, à l'usage, disparaît ; mais la connaissance et l'amour se décuplent par le don et le partage que vous en faites avec vos frères en humanité. Si vous avez la science et que vous la partagiez, vous n'en serez pas plus pauvres et vous posséderez d'autant plus de science que vous aurez essayé d'enseigner. En conséquence, les jouissances intellectuelles et artistiques seront de plus en plus fructueuses, selon le partage que vous en aurez fait à autrui. Donnez des deux mains et vos mains seront toujours pleines car elles ne sauraient demeurer vides de ces présents qui, plus ils sont dispersés parmi les hommes, plus ils reviennent en abondance.

Tel est aujourd'hui, dans son sens mondain, ce que signifie l'esprit de sacrifice.

Mais qu'est-ce qu'un sacrifice ?

En réalité, sacrifice ne signifie pas douleur, mais joie. Ce n'est pas s'oublier soi-même, c'est l'expression même du « *Soi* ». Comme je l'ai déjà dit, vous pensez que le sacrifice est pénible parce que vous le considérez au point de vue du corps. Considérez-le au point de vue de l'esprit éternel, et vous verrez bientôt que les jouissances et les délices qu'il procure sont dans l'acte de donner, que la souffrance réside dans la privation de donner.

C'est en se donnant qu'on réalise le Soi, c'est en donnant sa vie à autrui qu'on trouve le divin en Soi. Mais ce n'est pas un sacrifice, c'est une joie. On éprouve une joie intellectuelle à lire un beau poème; l'émotion délicieuse lorsqu'on écoute une merveilleuse symphonie est cent fois plus vive, plus exquise, que la nourriture qui entretient notre corps ; or, la joie de l'esprit qui se donne est plus intense encore que celle de l'intellect ou que celle due à l'émotion ; celles-ci sont supérieures à celles du corps, mais la joie de l'esprit leur est, elle, supérieure à toutes, et quand vous aurez senti la joie de donner, que vous aurez constaté que vous vivez d'une vie plus intense, plus réelle, quand vous prodiguez celle-ci au service d'autrui, alors, seulement, vous vous rendrez compte que le plus grandiose des services réside dans la liberté la plus parfaite et qu'en donnant sa vie à ses semblables on atteint cette vie éternelle qui est le véritable Soi dans l'homme.

V

Problèmes religieux

DOGMATISME OU MYSTICISME

Nous voici arrivés aujourd'hui à la dernière des conférences commencées depuis quelques semaines. De même que, dimanche dernier, j'ai tenté d'esquisser, en quelques mots, le choix qui s'offre pour la société en ce qui concerne les difficultés sociales, de même m'efforcerai-je, ce soir, de vous résumer, également en quelques mots, les problèmes qui se posent au monde religieux, problèmes exigeant une solution immédiate ; de cette solution même semble dépendre ce que sera pour nous l'avenir de la religion

Ce n'est pas que nous devions éprouver quelque inquiétude sur la permanence de la religion, — c'est-à-dire la recherche de Dieu et la réponse donnée à cette recherche, — car celle-ci est aussi éternelle que l'humanité et ne peut cesser d'exister aussi longtemps que l'homme vivra sur terre. Mais il survient pourtant dans certaines parties du monde du moins, ce qui a été justement appelé : l'éclipse de la foi. Un nuage apparaît quelquefois qui voile, pour un certain temps, la lumière du grand soleil de vérité ; ce soleil ne peut cesser de briller et peu importe la façon dont les nuages s'amoncellent autour de nous et le cachent à notre vue. La chose arrive de temps à autre et se reproduira sans doute encore, mais bien que la religion soit impérissable, il n'en est pas moins à craindre qu'une grande partie de l'angoisse et de la misère humaine vienne s'interposer entre l'homme et la connaissance de la vie qu'il cherche. En tenant compte de nombreux indices, il semble que notre monde, depuis plusieurs années, se trouve en présence d'une crise qui l'oblige à choisir entre telle chose ou telle autre ; choix dont les conséquences peuvent être terribles.

Le doute concernant les vérités religieuses, les questions posées sur le but et le sens réel de la vie, — questions qui, en l'état actuel de progrès scientifique, ont à ce point préoccupé l'esprit humain qu'elles ont été posées par les exégètes eux-mêmes durant ces trente ou quarante dernières années environ — font, que l'intellectuel doit, semble-t-il, devenir fatalement sceptique et l'émotionnel superstitieux. Incrédulité d'un côté, superstition de l'autre menacent donc la religion humaine et peuvent faire craindre que celle-ci ne subisse une éclipse, temporaire pour le moins. Si, aujourd'hui, l'horizon est plus clair, si les tendances du monde religieux font prévoir une foi plus complète, une connaissance plus approfondie, nous ne pouvons néanmoins nous dissimuler que, pour certains côtés du christianisme, le grand problème est loin d'être réalisé ; cette solution est pourtant des plus urgentes.

Si nous envisageons l'Église catholique Romaine, l'organisme chrétien le plus puissant que la chrétienté ait jamais connu, nous pouvons constater que le dogme est imposé à la masse de ses adhérents et cela, presque sous sa forme la plus grossière. Du trône papal émanent des encycliques si désespérément en contradiction avec la pensée moderne et condamnant sans merci le progrès, qu'il peut sembler que le danger venant de Rome menace de faire oublier complètement la valeur inestimable de l'occultisme et la discipline qui occupent une si grande place dans le Christianisme. Aujourd'hui même, cette Église si puissante se trouve en présence d'un choix à faire : accordera-t-elle une plus grande liberté de pensée ou continuera-t-elle d'imposer au peuple les entraves du dogme, entraves que l'esprit actuel ne saurait accepter ?

En dehors de Rome, la perspective est moins sombre, car, graduellement, on commence, dans les Églises, à voir toutes choses sous un jour plus profond, plus spirituel, non seulement dans ce que l'on désigne, techniquement parlant, sous le nom d'Églises, mais encore dans les grandes communautés non conformistes. La façon de comprendre la doctrine chrétienne est plus spirituelle, l'interprétation mystique se répand de plus en plus et, avec elle, l'idée qu'une vérité spirituelle ne peut rester confinée dans les limites d'une théorie intellectuelle. Je me suis laissé dire, bien que je ne le sache pas par expérience personnelle, que dans l'Eglise grecque, aussi, une transformation s'opère dans les façons de voir, que son ancien mysticisme renaît, qu'il s'y élève une aspiration des cœurs vers les hauteurs sublimes que, seuls, les mystiques peuvent gravir. Il en résulte que, dans toute la Chrétienté, hormis le danger que j'ai signalé, la lumière semble près d'éclairer l'horizon; un espoir naît, voire même une certitude qui nous fait croire qu'une vue plus profonde, plus mystique, du Christianisme, prévaudra sur le dogme, plus grossier. Pour mieux mettre les choses au point, permettez-moi de définir ce que j'entends par dogme et par mysticisme.

J'entends par dogme, une déclaration de principe élaborée par la raison et contenant une vérité, — ou ce que l'on croit être une vérité, — et qu'une autorité extérieure à soi nous impose. Je crois que si vous appliquez cette définition aux dogmes des Églises, vous vous apercevrez qu'elle répond aux faits et qu'elle est exacte. Le dogme est nécessairement intellectuel, il n'est pas spirituel ; c'est une théorie raisonnée, contenant une certaine vérité imposée d'autorité à la masse, quelle que soit cette autorité. Celle-ci peut être celle d'une ancienne Église, de quelque Écriture Sainte ou d'un homme considéré comme infaillible ; dans tous les cas, c'est toujours une autorité extérieure à l'homme que l'on oblige à croire ; l'homme doit accepter la théorie qu'il reçoit au nom de l'autorité à laquelle il lui faut se soumettre ; il doit s'incliner et admettre cette théorie comme étant la vérité.

Le Mysticisme, lui, c'est la reconnaissance intérieure d'une vérité spirituelle que l'homme accepte parce qu'il voit qu'elle est fondée, qu'elle est vraie, qu'il la sait vraie par le témoignage que lui en donne le divin en lui. Il ne se préoccupe pas d'une autorité extérieure, il ne reconnaît que l'autorité du Dieu en lui. Il n'éprouve pas le besoin de faire intervenir la raison spéculative, il voit la vérité à la lumière de l'esprit, lequel domine l'intellect ; la seule autorité devant laquelle il s'incline, dont il accepte la vérité, c'est l'autorité du Divin en lui qui voit et fait que l'homme voit. Peu lui importent les arguments extérieurs ou l'approbation. Des foules peuvent nier la vérité qu'il connaît, il n'en demeure pas moins convaincu qu'il marche sur un roc solide, que la vérité est en lui, qu'elle éclaire sa raison ; le ciel, la terre et l'enfer dussent-ils proclamer le contraire, il maintiendrait cette vérité qu'il connaît, s'y cramponnerait de toutes ses forces en dépit de tout ce qui pourrait être tenté contre lui pour l'en séparer.

∴

Nous avons donc ainsi deux lignes nettement distinctes l'une de l'autre : une autorité externe et une autorité interne. L'une offre le dogme, l'autre est cette lumière grâce à laquelle le mystique perçoit la vérité.

Ce sont ces deux caractères distinctifs qui dirigeront ce soir notre pensée.

En considérant le passé concernant le développement des religions, nous constaterons que celles-ci passent par des stades successifs. Tout d'abord, quand l'Instructeur, fondateur de la religion, prêche une doctrine et la proclame pour la première fois, cette doctrine est acceptée par un grand nombre de ceux qui l'écoutent, elle est accueillie grâce à une réponse spirituelle provoquée par Son pouvoir spirituel sur les auditeurs. Un tel Instructeur enseigne avec une réelle autorité, celle de l'Esprit s'adressant à l'Esprit ; il ne s'agit plus là d'un enseignement tel que le donneraient scribes ou docteurs jurisconsultes. C'est la réponse de l'esprit en soi à l'esprit de l'Instructeur ; l'on admet alors sans faire intervenir le raisonnement ni l'argumentation. Partout où, sur la terre, se manifeste un Instructeur spirituel qui parle avec la force de l'Esprit, les esprits préparés, éveillés, vibrent en réponse à l'enseignement qu'ils entendent et acceptent avec joie, non parce qu'ils considèrent cet enseignement comme émanant d'une autorité extérieure, mais bien parce que le soi intérieur approuve ce que l'Instructeur affirme. C'est ainsi que lorsqu'on lit les enseignements d'un Bouddha ou d'un Christ, on constate qu'il parle avec une puissance et une illumination telles que l'esprit répond, de l'intérieur, reconnaissant la vérité de leur parole.

Lorsque, plus tard, l'Instructeur a quitté la terre, que les grandes vérités spirituelles exprimées par lui ont été recueillies par des hommes de moindre importance, par des esprits moins spiritualisés, nous arrivons alors à l'ère de l'intellect, du dogme, ère durant laquelle les vérités sont cristallisées dans les mots ; ces vérités sont alors présentées au monde, tranchantes et sèches, comme un système plutôt que comme vie inspiratrice. Plus tard, lorsque l'ère de la foi a disparu, époque pendant laquelle les paroles sont acceptées comme dogmes, on en arrive à l'excitation de l'intellect, aux restrictions du mental. Celui-ci a évolué, progressé, depuis le temps où les dogmes furent formulés ; devenu plus fort, plus large, plus pénétrant, il réclame quelque chose de plus que ce que le dogme contient. C'est à une semblable époque que nous arrivons actuellement ; c'est un souffle de cette nature qui a passé sur la Chrétienté et, selon la solution que nous donnerons au problème, dépend le sort immédiat de la grande religion de l'Occident.

∴

Tout en ne perdant pas de vue les grands stades que nous venons d'établir, avant de considérer le stade mystique qui succède au dogme et au doute, essayons d'estimer la valeur du dogme dans l'enseignement religieux et dans la vie religieuse.

Le dogme joue un rôle important, chose que nous avons trop tendance à oublier de nos jours. Il a une réelle valeur et il est nécessaire à un certain degré de l'évolution intellectuelle, à un certain niveau de la pensée humaine. De même que dans l'exposé de toute science on trouve invariablement certains dogmes contenant des vérités ayant été reconnues, de même, dans les faits de l'expérience religieuse, dans ce qui touche aux grandes et immuables vérités, on passe inévitablement par une période où celles-ci doivent être enseignées sous la forme dogmatique ; elles ne sauraient être saisies s'il en était autrement. L'emploi du dogme, dans l'enseignement religieux, est analogue à celui que fait, de l'affirmation, l'homme de science dans son cours à ses élèves. Il y a, en religion, aussi bien qu'en science, des hommes qui peuvent professer *ex-cathedra*, et ils ont leur place indiquée en tant qu'instructeurs. L'erreur consiste simplement, comme peut-être aussi pour les sciences, à croire que lorsque l'élève a appris sa leçon il lui est dès lors interdit d'approfondir ou de vérifier par lui-même, — en se livrant à des expériences nouvelles, — les déclarations de son instructeur. Le dogme est utile sur les premiers degrés de l'échelle de la connaissance pour faire apprendre la vérité ; mais, si au lieu d'être une aide, un soutien, il devient une limitation, un obstacle à l'avancement, au progrès ; si l'instructeur s'oppose à ce que son élève gravisse l'échelle de la connaissance en lui imposant soumission et crédulité constantes, tout progrès religieux est restreint, toute croissance spirituelle entravée : le dogme doit alors être mis en pièces car il devient un obstacle sur la voie de la vérité.

Il en est de même avec la science. L'homme de science donne une formule, montre quelles sont les expériences à faire : mais que penseriez-vous de lui s'il vous interdisait tout contrôle expérimental que vous désireriez tenter pour vous rendre compte de la valeur de sa formule ? C'est là qu'est le danger et ce danger ne surgit que lorsque celui qui établit un dogme commence à douter lui-même et qu'il cherche alors à empêcher ce doute dans l'esprit de son élève ; le dogmatiste, quand il doute de la valeur de son affirmation, s'efforce d'imposer le dogme. Si vous pénétrez la pensée du persécuteur, vous vous apercevrez que sa persécution naît du doute dont il est la proie et nullement de sa foi. Il feint d'observer le silence par crainte des questions auxquelles il serait incapable de répondre ; il s'oppose aux investigations de peur que celles-ci ne donnent lieu à un aspect de la vérité tout autre que celui qu'il présente. Bien souvent, un doute inconscient, un doute qu'il ignore, est à la racine de sa foi quand il interdit toute investigation personnelle et recule devant le contrôle expérimental. D'où l'importance de bien comprendre le rôle que joue le dogme, d'où l'importance qu'il y a de savoir qu'il doit être pour nous comme une béquille qui nous aide et non pas une barrière qui nous empêche d'avancer. Il jouera alors, dans l'évolution de la pensée religieuse le rôle qu'il doit jouer, il aura son utilité et cessera désormais d'être nuisible au progrès humain.

Le dogme est forcément incomplet ; il est, pour le mystique, ce qu'est le toucher comparativement au sens de la vue. Le dogme pressent une vérité, en exprime la partie qu'il peut saisir, la pétrit, s'efforce d'en comprendre la forme et la structure ; mais de même que l'homme qui cherche à reconnaître un objet par le toucher et ouvre ensuite les yeux en constatant la différence qu'il y a entre le toucher et la vue, de même en est-il avec le dogmatiste et le mystique ; il y a la même différence. Le dogme montre un aspect de la vérité ; le dogmatiste ne peut voir la vérité que sous un jour particulier, ne peut en exprimer toute la portée ni toute la perfection quant à sa profondeur et à sa supériorité. C'est ainsi, par conséquent, que ceux qui, pour le moment, s'attachent au dogme, doivent se rappeler que celui-ci ne présente qu'un côté des faces nombreuses de la vérité, une vérité spirituelle ne pouvant jamais être entièrement saisie par la raison car tout ce qui ressort du domaine de l'esprit domine les pouvoirs de l'intellect.

Mais si nous voulons progresser, si nous désirons parvenir à la stature de l'homme spirituellement développé, il nous faut alors nous élever au-dessus du dogme, monter dans l'atmosphère spirituelle; ouvrir les yeux de l'esprit.

∴

Examinons maintenant quelques-uns des dogmes principaux du Christianisme et voyons ce qu'ils gagnent, — car ils n'y perdent rien, — à être considérés selon le point de vue du mystique, à être vus à la lumière de l'esprit. Il importe en effet d'en étudier quelques-uns et de voir la différence qui existe, selon qu'ils sont envisagés du point de vue dogmatique ou mystique, étant admis qu'une vérité est toujours cachée dans le dogme et que le mystique perçoit cette vérité sous le voile qui, bien souvent, l'obscurcit. Le mystique vous donne toujours plus que vous n'avez, il ne vous dépossède réellement de rien, il ne prend rien à votre inestimable trésor, il vous découvre au contraire les nouveaux aspects de la beauté, qui jusqu'ici avaient échappé à votre vue. Possédant un joyau renfermé dans un écrin, vous êtes fasciné par l'éclat de la seule facette que vous en voyez ; le mystique lui, sort le joyau de son écrin, le fait briller à la lumière du soleil de telle façon que toutes les facettes jettent des feux et rayonnent avec un éclat qu'elles n'avaient jamais eu auparavant. Lorsque vous prenez ce joyau, ne croyez pas que l'écrin soit absolument nécessaire à la sécurité de la pierre précieuse ; exposée aux feux du soleil, celle-ci aura des clartés plus splendides que laissée dans l'obscurité de son écrin ; vous n'y perdrez rien, au contraire ! vous aurez mille fois plus de joie à voir ainsi votre joyau resplendir, dans toute sa beauté, à la lumière du jour.

Essayons de nous rendre compte jusqu'à quel point la chose est vraie, et, pour cela, prenons tout d'abord, — parce que c'est ce qui nous touche de plus près, — la question relative à la nature du Christ[1], ses rapports avec le croyant, la place qu'Il occupe dans le cœur de l'homme.

Il y a, quant à cette question, de nombreuses déclarations relevant du dogme; la chose est plus ou moins définie dans les principaux credos chrétiens rédigés par des mystiques et

1. Lire *La Nature du Christ*, par Annie Besant (1909). Prix : 0 fr. 75.

répétés par des dogmatistes; ces credos sont pris pour des dogmes alors qu'ils sont simplement des efforts tentés dans le but d'exprimer une vérité trop élevée pour être formulée en termes humains dans toute sa perfection. Et pourtant, par la noblesse de leur langage, l'élévation de leur sentiment, — si vous voulez bien prendre la peine de les méditer, — vous y trouverez de profondes vérités qui vous émerveilleront presque, tant leur splendeur éclatera à vos yeux. Lorsque vous entendez réciter sans cesse ces credos, ou que vous les récitez vous-mêmes sans chercher à pénétrer le sens qu'ils cachent, vous n'y voyez que le dogme et non la vérité qu'ils contiennent, vous éprouvez même certaine répulsion pour ce que vous comprenez mal, la lumière de l'esprit vous faisant défaut. Vous trouvez là pourtant le Christ dont on fait le vrai Dieu du vrai Dieu, le Fils unique du Père.

Comment le mystique interprète-t-il cette vérité?

Qu'est le Christ ainsi défini pour lui?

Il voit en Lui la véritable image de Dieu; c'est vraiment le Fils de Dieu, Fils dont l'Esprit procède du Père, Esprit qui descend sans cesse pour s'incarner dans la matière, pour souffrir, pour s'élever de nouveau triomphant en traînant l'humanité avec Lui, vers Dieu. Dans cet exposé de la splendeur du Christ, le mystique ne voit pas une figure isolée, il voit l'humanité dans son ensemble, dans tout l'éclat de son unité, dans toute la divinité qui lui échoit en partage en vertu de sa naissance divine, il voit l'humanité comme étant Dieu parfait et homme parfait, la race humaine procédant de Dieu et revenant au Père du sein duquel elle émane. Il ne nie pas le Christ; le mystique ne nie jamais; il voit en Christ l'humanité tout entière dont le Christ est le symbole et l'espoir. De ce que l'humanité s'est élevée, triomphante, en Christ, tous les hommes s'élèveront vers Lui et connaîtront la réalité du Divin incarné en Lui.

De même qu'Il est vraiment divin, de même aussi sont ses frères en humanité, lesquels n'ont pas encore atteint la divinité et, à la proclamation de cette grandiose figure, l'humanité tout entière s'élève triomphante et sent enfin qu'elle est réellement d'essence divine. « Le Premier-Né d'entre ses frères » est le nom qui fut donné au Christ, mais il ne pourrait exister de fraternité s'Il était séparé de nous par le gouffre immense qui, selon certaines théories, sépare l'homme de Dieu. Dieu étant en Christ, Christ est aussi en nous; Dieu s'étant fait homme dans le Christ, ainsi le Christ se fait homme en chacun de nous. Nous en arrivons ainsi aux paroles profondes que le Christ prononça durant sa vie sur terre un jour qu'on l'accusait de blasphémer :

« N'ai-je pas dit qu'il est écrit dans votre loi que vous êtes des dieux. » S'il les a appelés des dieux, celui qui apporte la parole de Dieu, — et les Écritures ne peuvent être mises en doute, — comment pouvez-vous dire de Lui, Lui que le Père a sanctifié et envoyé au monde : « Tu blasphèmes », parce que j'ai dit : « Je suis le Fils de Dieu. »

Parce que Ses frères sont divins, Il n'en est pas moins divin.

On dit que nous rabaissons Dieu ; non, nous élevons l'humanité vers lui. Ce n'est pas un abaissement, mais une ascension glorieuse, une ascension de toute la race humaine vers le ciel.

Le mystique voit encore dans la vie terrestre du Christ, non seulement le récit d'une vie parfaite, bien que la chose soit vraie, mais encore l'histoire de l'humanité. Né faible, il s'élève à la puissance ; passant par tous les stades des grandes initiations ; né sous l'étoile qui brillait au-dessus de l'étable ; baptisé dans la vie divine quand l'Esprit de Dieu descend sur lui ; transfiguré sur la montagne quand la divinité s'est réalisée en lui, agonisant dans le jardin ; crucifié sur la croix dans l'angoisse qui précède le triomphe de tout esprit ayant conscience de sa nature divine ; et alors, dans l'élévation triomphante, dans la glorieuse ascension, l'homme devient l'Homme Divin et conscient de sa propre divinité, l'histoire merveilleuse de la croix se répétant dans la vie de tout homme qui voit grandir la divinité en lui-même ; selon les paroles de saint Paul : Christ est né en lui et en lui il grandit à la stature parfaite du Christ.

La chose nous paraît si merveilleuse, si splendide, que nous n'osons croire qu'elle puisse s'appliquer à nous, avec toute notre faiblesse, nos fautes et nos limitations. Et cependant, à quel sentiment Dieu a-t-il obéi en voulant que le suprême Fils de Dieu se fît homme, si ce n'est de nous montrer que l'homme peut s'élever à la Divinité ? Et rien moins que l'accomplissement de ses paroles pourra satisfaire l'aspiration qui est en nous, laquelle se fera jour un moment ou l'autre, et sera vraie pour vous comme pour moi : « Donc, soyez parfaits, comme votre Père au ciel est parfait. »

***

Passons maintenant à un autre dogme relatif aux rapports du Christ avec l'âme humaine et dont il est question dans la doctrine de l'Expiation, et qui se rattachent aussi aux nombreuses phases à travers lesquelles cette doctrine chrétienne a passé au sens historique. Je n'ai pas le temps de m'arrêter sur chacune de ces phases, bien qu'elles méritent une sérieuse étude et toute votre attention, chaque stade ayant une leçon à présenter, un sens profond. Prenons donc cette doctrine dans le sens le plus large, à savoir que le Christ, comme Sauveur, se rapproche de l'être humain et, pour employer l'expression d'une génération plus ancienne, paie la dette que l'homme a contractée envers Dieu, et revêt le pécheur de sa droiture. Or, cette doctrine nous fut enseignée, à moi et à vous, hommes et femmes qui êtes à peu près de mon âge, sous une forme grossière que l'on a quelquefois qualifiée de forme légale. Il y a très peu de temps encore on nous parlait d'un contrat passé entre Dieu et l'homme, du Christ se substituant au pécheur, d'une expiation par substitution, d'une droiture concédée. Et beaucoup d'entre nous peuvent se rappeler que nous commencions à poser des questions à ce sujet et que la révolte qui commençait à se faire sentir contre la forme donnée au dogme n'était pas seulement une révolte de l'intelligence, mais aussi une révolte de la conscience et du cœur. Nous sentions au plus profond de nous-mêmes que nous n'avions pas besoin que l'on nous concédât la droiture; nous voulions être droits de nous-mêmes et non passer comme justes devant Dieu.

Nous sentions que ce qui nous était offert n'était pas ce à quoi nos âmes aspiraient, et que, alors que nous demandions du pain, l'Église ne nous donnait qu'une pierre. Et pourtant, il y a, dans cette doctrine, quelque chose qui a gagné le cœur humain. Allié à l'amour de l'homme, inspirant aux hommes et aux femmes l'esprit de sacrifice le plus élevé, c'est un prodige que l'on trouve souvent dans la religion, malgré la difformité avec laquelle elle est présentée. La vérité intérieure a nourri la vie de l'homme. Et en quoi consiste cette vérité intérieure? C'est que le Christ peut nous aider, non pas en se substituant à des personnes extérieures, mais par son identité de nature avec nous; le Christ qui sauve n'est pas un

Christ extérieur, pliant la vengeance d'un Dieu courroucé, mais un Christ intérieur qui transmue la nature humaine en nature divine, qui réveille la vie du Christ dans le cœur, proportionnellement à l'imitation du croyant. Nous supposons que, lorsqu'on s'élève dans la vie spirituelle aussi haut que le Christ l'a fait, il peut, comme le soleil qui brille au-dessus de nous, déverser sa lumière, sa vie, son amour, dans les vaisseaux chargés de vies humaines qui partent de la terre pour aller vers lui, que malgré les barrières qui, ici, séparent un endroit d'un autre, comme celles qui séparent la lumière du soleil dans votre jardin de celle qui éclaire le mien, il n'y a cependant pas pour le soleil, ni barrières, ni murs de séparation; toute la surface de la terre étant baignée de sa lumière et recevant la vie; de même, la lumière et la vie du Christ tombent sur nous fidèles à l'imitation humaine sans souci des divisions, mais réalisant en nous-mêmes l'unité qu'il représente; c'est ainsi que cette vie s'infiltre en nous et devient tellement intérieure que nous nous l'approprions. Et de même que la lumière du soleil donne la vie à la terre, de même le soleil de vie donne la vie à l'esprit.

Nous comprenons alors que c'est en nous faisant participer à sa nature que le Christ nous aide à nous élever vers lui. En déversant sa force dans notre faiblesse, sa sagesse dans notre ignorance, il nous élève vers Lui. C'est en cela que consiste la gloire de la nature du Christ, partout où cette nature se développe ; elle ignore les différences et réalise l'unité, et le pécheur le plus vil peut être illuminé par la vie d'un Christ et transformé ainsi à l'égal de l'image divine, grâce à la vie et l'amour qui émanent de ce triomphant Fils de Dieu. C'est pourquoi les apôtres ont dit qu'ils étaient « en lui » et parlent de son aide et de sa rédemption. Mais ce n'est que lorsque vous commencerez à vivre la vie du Christ que vous pourrez connaître la gloire de cette rédemption, car l'esprit humain ne peut être satisfait que lorsqu'il arrive à voir que sa propre nature est divine et à avoir conscience qu'il est un avec Dieu.

Il en est ainsi pour beaucoup d'autres dogmes chrétiens.

***

Certaines difficultés sont soulevées par la doctrine de la Trinité, sur le sens que comporte cette phrase : trois personnes en un seul Dieu.

Et pourtant, si vous considérez votre propre nature, la difficulté est vite résolue quand elle passe du dogme aux faits de l'expérience humaine, en examinant votre propre conscience, qui est l'image du divin, en vous rendant compte de votre propre nature qui participe à la nature de Dieu. Vous trouvez en effet en vous-mêmes le pouvoir de vouloir, le pouvoir de connaître, le pouvoir d'agir. Et cette trinité qui est en vous, c'est le Père qui est la volonté, le Fils qui est la sagesse, l'Esprit qui est l'activité créatrice. Et comme, dans la nature, l'esprit se voile toujours de matière, il s'ensuit que les trois aspects deviennent trois personnes, bien qu'il n'y ait qu'une seule conscience divine se manifestant sous trois aspects. En comprenant ce que vous êtes vous-mêmes, vous arrivez à comprendre la Divinité ; vous faites tomber les difficultés du problème et vous vous élevez à la réalité de la vie qui vous est montrée comme étant le modèle que suit la vôtre ; vous arrivez enfin à comprendre que si l'on trouve ce problème difficile à saisir, c'est parce qu'on n'a pas encore pu approfondir sa propre nature. Car de même que l'eau reflèchit la planète qui brille au-dessus de nous, de même la conscience, dans l'homme, reflète la conscience suprême qui est Dieu. Ainsi vous arrivez à saisir peu à peu que ce dont vous avez besoin, c'est une vision spirituelle ; il faut que les yeux de l'esprit s'ouvrent, facultés propres à la Divinité même.

Mais, me direz-vous : Comment l'esprit pourra-t-il s'incorporer ? comment pourrons-nous devenir des mystiques ? comment pourrons-nous briser les entraves du dogme et arriver à l'état de fils de Dieu ? Il n'y a qu'un seul moyen, celui d'entrer sur l'antique Sentier. Etroite en est la porte, étroit est le chemin, car on ne peut en franchir le portail que lorsqu'on a rejeté tout ce qui a quelque valeur aux yeux du monde. On ne peut en vérité suivre cette voie que lorsque la connaissance de Dieu est devenue le seul mobile de la vie qui soit digne d'être poursuivi. Voyons comment ce Sentier peut s'élargir, comment on peut s'approcher de cette porte si étroite. Quelles sont les méthodes, préparatoires et actuelles ? La méthode préparatoire est la purification de la vie, du cœur, de la nature tout entière. Dans les anciennes *Upanishads*, il est dit de l'homme qui désirerait contempler le soi : « qu'il se détourne d'abord des sentiers du mal » sans cela tout est inutile, tout est futile ; la loi que seul le cœur pur verra est immuable. Aussi long temps que l'on suit la voie du mal, on ne peut entrer dans celle qui conduit à la vie. Mais nous ne devons pas seulement nous détourner de la voie du mal, il nous faut encore parcourir la voie du bien. « Cesse de faire le mal et cherche à faire le bien » est une sentence des Écritures, familière à tous, semblable à celle des Upanishads que je viens de citer, car dès que l'on a quitté la voie du mal la course se poursuit, rapide, sur la voie du bien.

Le premier pas à faire, c'est la purification, une purification constante, persévérante, bien déterminée. Vient ensuite, ce que vous connaissez tous au moins de nom : la méditation. Il n'existe pas d'autres moyens. En quoi consiste-t-elle ? A vous efforcer d'élever votre conscience dans des régions supérieures à celles au milieu desquelles vous vivez et fonctionnez dans la vie de tous les jours ; à élever votre individualité, votre sentiment du moi, au-dessus du mental qui vous sert à raisonner, à diriger toutes les affaires de la terre, tous les plaisirs de la vie. Cette conscience vous la connaissez et l'appelez du nom de « Je », mais il vous faut vous élever au-dessus d'elle, la dominer, bien savoir qu'elle n'est pas vous. Et comment atteindre cette conscience et la réaliser comme étant le vrai soi, alors que l'esprit n'est préoccupé que des affaires et des plaisirs terrestres au milieu desquels la conscience ne trouve ni à s'occuper ni à se connaître? Le pas suivant à prendre est donc bien précis; il faut apprendre à contrôler les émotions, à contrôler le mental; le tourbillon des émotions dans lequel un grand nombre d'entre vous vivent. Il est impossible de vivre dans ce tourbillon et vivre, en même temps, dans les calmes sphères de l'éternel où réside l'esprit qui est vous-mêmes. Votre mental tendant continuellement au changement, d'humeur instable, flottant sans cesse d'une chose à une autre, s'occupant un jour d'une chose pour l'abandonner le lendemain au profit d'une autre, et cela jour et nuit, que peut avoir de commun cette façon de faire avec la sérénité du mental dont les yeux sont fixés sur Dieu, qui sait discerner le réel de l'illusoire, l'éternel du transitoire?

Lorsque vous voulez vous livrer à l'étude d'une science, vous y consacrerez bien quelques heures tous les jours, et vous voudriez apprendre la science de l'esprit pendant les quelques instants que vous pouvez distraire de vos occupations et de vos plaisirs terrestres! Non, ce n'est pas ainsi que l'on peut conquérir le royaume du ciel qui est en vous, et il faut bien se rendre compte que cette conquête exige autant d'attention et de travail que s'il s'agissait de surmonter les difficultés que présentent les mathématiques ou la chimie. Et cependant, par quelque raison mystérieuse, vous qui savez qu'il faut consacrer un certain temps et donner toute votre attention pour vous rendre maîtres des choses terrestres, vous vous imaginez qu'on peut obtenir les choses du ciel par quelques simples sollicitations, par les désirs passagers d'un instant. Des émotions paisibles, un mental calme, telles sont les conditions requises pour l'éclosion de la conscience supérieure. Dans les Upanishads, il est dit encore: « C'est dans la tranquillité des sens, dans la sérénité du mental que tu peux contempler la gloire du soi. » Tel est le travail qui vient ensuite : faire le vide dans le mental, dans le siège des émotions, et alors, dans le silence et dans le calme brille l'aurore d'une nouvelle lumière; le murmure d'une voix, muette jusqu'alors, se fait entendre; les premières notes de l'esprit tintent doucement au sein de la quiétude des sens et du calme du mental; vous entendez et c'est à peine si vous vous en rendez compte ; vous voyez, et à peine pouvez-vous discerner si c'est la vue ou l'imagination qui commence à briller sur votre mental. Et lentement, paisiblement, mais avec assurance, jour après jour, semaine après semaine, la musique se perçoit de plus en plus nette et claire, la vision se fait de plus en plus radieuse et réelle jusqu'au grand jour de l'éveil où, soudain, la conscience suprême qui est vous-mêmes brille dans tout son éclat et qu'à sa lumière toutes choses sont vues et connues. Alors, aucun doute n'est plus possible, aucune question n'a plus lieu de se poser. Comme la gloire du soleil levant empourpre l'horizon et jette sur la terre ses flots de lumière, ainsi en est-il de la gloire du soleil spirituel quand il commence à se lever sur le mental et le cœur de l'homme. C'est alors que l'on peut apprécier la méditation et saisir la réalité du Sentier qui nous a conduits au but cherché ; la méditation devient alors un moyen que l'on peut employer pour avancer plus loin sur le Sentier.

Vous pouvez, à votre choix, prendre la voie de la connaissance, et, par cette grande illumination, arriver à connaître ce que vous désirez savoir. Vous pouvez encore prendre le sentier de la dévotion, et, dans l'extase de l'amour du mystique, vous élever à l'union avec la Divinité. Si c'est par la voie de la connaissance que vous voulez vous élever, la solution des problèmes qui, autrement restent obscurs, vous sera donnée par l'illumination ; ce sera là la récompense et le prix de vos efforts ; vous reconnaîtrez la vérité à première vue, vous la discernerez du mensonge, sans erreur possible, non pas par le raisonnement mais par la vue intérieure, non par l'argumentation mais par l'intuition. Aussi sûrement qu'un musicien entend la moindre discordance dans une harmonie, vous saurez discerner la vérité du mensonge, car votre soi le plus intime est toute vérité et non mensonge ; votre soi infini qui est divin est la vérité, base sur laquelle l'univers est construit ; et, en présence de cette vérité, un mensonge est reconnu comme mensonge ; vous n'argumentez plus, vous vous contentez de constater.

Si vous voulez suivre le Sentier de la Dévotion vous vous rendrez compte que la divinité n'est pas seulement la vérité, mais aussi une félicité, car en s'élevant sur les ailes de l'amour et du service, on entre dans le sein même de cette vie qui est Amour éternel et infini. Le ravissement du mystique est un fait aussi réel que la vue intérieure dont il jouit ; celle-ci satisfait l'intellect, l'autre réjouit le cœur. Suivez le sentier qui convient à votre tempérament, le but est le même pour tous. Ce qui est vérité n'est pas autre chose que ce qui est amour. Vérité et Amour telles sont les deux expressions de la vie divine ; la connaissance parfaite se change en amour parfait, et l'amour parfait en connaissance parfaite. Sur la terre, ces deux principes peuvent présenter des différences, mais le but est le même pour tous. Nous séparons la connaissance de l'amour, et pourtant, ils ne sont que les deux aspects d'*une seule vie*.

Pour chacun de vous, cette vision est possible, elle est à votre portée, mais seulement au moyen des anciennes règles, des anciennes conditions. Le cœur rempli des choses terrestres n'offre pas de place pour la naissance du Christ-Enfant ; les mains qui s'agrippent à la terre ne peuvent s'élever vers le ciel. Ainsi, quelle que soit votre vie, pleine d'intérêts, de devoirs, d'occupations, si vous voulez être un mystique, votre trésor ne doit pas être là où votre devoir est susceptible de restreindre vos activités, car ce n'est pas la forme extérieure, mais la vie intérieure qui est nécessaire au vrai mystique. Peu importe que vous soyez placés en haut ou en bas de l'échelle, que vous soyez riches ou pauvres, roi ou paysan, votre cœur doit être fixé sur un seul but ; votre vie doit être aussi pure que l'air des montagnes ; alors, quelles que soient les circonstances qui vous entourent, l'esprit qui est en vous peut s'élever au-dessus d'elles, et vous constaterez qu'en vous ouvrant à votre propre divinité, vous verrez, mieux que jamais auparavant, la fraternité qui relie entre elles toutes choses.

VI

La naissance d'une religion mondiale

Conférence donnée à la *Spring Assembly* de la Ligue du *Liberal Christianity* dans le *Free Trade Hall*, à Manchester, le mardi soir 23 mai 1911.

Je désire vous parler ce soir d'abord de l'immense différence qui existe entre le monde de la pensée actuel et celui des temps anciens en ce qui a trait à la religion ; puis poser la question suivante : le degré supérieur à franchir constituera-t-il une synthèse, un tout, ou bien sera-t-il une atténuation des différences, plutôt qu'une unité dans la diversité ; et voir ensuite si nous pouvons trouver un fil conducteur nous mettant sur la voie d'un plan que le monde a suivi inconsciemment, dans ses religions et dans ses civilisations, plan que l'homme n'a pas conçu mais à l'exécution duquel il participe sans le savoir, comme un temple s'érige grâce au concours du constructeur, du peintre et du sculpteur. De même que nous savons que ce travail gigantesque s'effectue au moyen d'une multitude d'ouvriers, selon le plan dressé par l'architecte qui indique, une par une, les différentes parties de l'édifice à exécuter, de même derrière la multitude des ouvriers de l'humanité, derrière les Nations, qu'elles soient en progrès ou en décadence, derrière ces Nations qui construisent le grand temple de l'humanité divine, se tient le grand Architecte de l'Univers dont le plan doit être réalisé par la multitude des travailleurs qui constituent l'humanité.

***

Or, y a-t-il aujourd'hui, des signes indiquant qu'un rapprochement possible puisse se faire entre les nombreuses religions du monde ? Au sein du chaos de controverses et de chocs provoqués par l'attitude agressive des différents credos, pouvons-nous entrevoir la possibilité d'une unité qui changera l'état de guerre en un état de paix et qui réunira les fragments pour en faire un tout splendide ?

Reportons-nous de deux mille ans en arrière. Nous constatons que sur toute la surface du globe, partout où une religion était constituée, celle-ci était essentiellement nationale. L'Hindou de ce temps-là professait la religion hindoue ; le Perse, la religion de Zoroastre ; le Grec, le Romain, l'Egyptien, et maintes nations plus anciennes encore, tous professaient chacun leur religion, et celle-ci était une religion nationale ; alo[illegible] nous voyons les religions vivre assez paisiblement côte à côte, en revanche, un homme qui abjurait sa religion nationale était considéré plutôt comme traître à l'Etat que comme hérétique à sa foi ; ce fait peut être constaté maintes et maintes fois en consultant l'histoire du passé. Celle-ci ne montre aucun exemple qu'une nation ait voulu convertir à sa religion, les nations voisines appartenant à une religion différente. Les nombreuses religions du monde se tenaient côte à côte, travaillant chacune de leur côté, la nation et la religion ne formant qu'un tout indissoluble.

Ce n'est pas sans intérêt (pour l'instant je fais une digression en faisant de l'histoire rétrospective) de constater que les théories de l'Eglise anglicane sont aujourd'hui identiques à celles de la pensée antique. En théorie, cette

Église est une Église nationale ; quiconque est né parmi le peuple anglais, est né, en théorie dans cette Église nationale ; l'État et la nation sont considérés comme étant proches voisins l'un de l'autre. Je dis en théorie, car vous savez combien la pratique est différente, dans ce pays ; mais, dans ces temps reculés, la théorie et la pratique marchaient de pair, et ce n'est que de temps à autre, comme chez les Hébreux, par exemple, que les peuples s'efforçaient de faire quelques prosélytes parmi les nations voisines. A un point de vue général donc, les religions avaient un caractère national, la politique ; les institutions sociales de la nation étaient réellement érigées par la religion qui leur servait de base fondamentale.

Prenons l'Inde dont la religion est la plus ancienne de toutes les religions vivantes et qui se perd dans la nuit des temps. On y constate que la politique hindoue est identique à celle du peuple hindou. Il était d'usage chez les Hindous que, pourvu que l'autorité des Écritures sacrées, les quatre Vedas, fût admise, l'ordre social fût observé, l'intellect pouvait garder son indépendance. Dans les limites de ce grand cercle que formait la religion hindoue, on pouvait voir se constituer différentes écoles de pensée, mais à la condition que toutes eussent le respect du Veda, bien qu'elles pussent ensuite suivre leur voie spéciale, pourvu qu'elles se soumissent à la politique sociale sans s'écarter de l'ordre établi ; l'intellect gardait toute liberté en matière de religion, et dans le vaste sein de la religion hindoue, tout système de philosophie était admis à fleurir, toutes les écoles de la pensée étaient reconnues comme faisant partie de la religion.

Si l'on jette un regard sur les autres religions, nous pouvons voir que le même fait s'y présente dans une certaine mesure. En se reportant au temps où la Rome impériale envoyait ses aigles planer sur ce qu'on appelait alors le monde civilisé, on verra que ces aigles déployèrent leurs ailes sur des religions multiples. Et quand la persécution commença à sévir contre le Christianisme, c'était moins contre une religion nouvelle que Rome leva l'épée que contre ceux qui ne voulaient pas se prosterner devant l'Empereur et lui rendre les hommages divins comme chef de l'État. En frappant le Chrétien, Rome visait plutôt le traître au gouvernement impérial que l'hérétique. Ce fut la prétention des Chrétiens à vouloir que le Christianisme fût la seule religion vraie, leur refus de ranger l'Empereur parmi les dieux, qui souleva dans Rome la persécution contre les Chrétiens, ceux-ci étant considérés comme un danger pour le gouvernement impérial.

Le même fait est vrai pour toutes les autres nations de l'antiquité. Mais si nous voulons maintenant considérer ces religions, non plus comme partie inhérente de leurs nations, mais plutôt dans leur essence même, que voyons-nous émerger graduellement du sein même de cette masse d'opinions, de ce vaste fatras de croyances diverses? On en voit surgir certaines doctrines qui sont communes à toutes. Les découvertes faites dans les annales du passé par les historiens et les archéologues, les études des religions anciennes, et la littérature laissée par ces savants, ont eu comme résultat, dans nos temps modernes, l'éclosion d'un *consensus* établi par l'élite intellectuelle et d'après lequel il y a des doctrines principales communes à toutes les grandes religions surgissant de temps à autre dans l'histoire du passé, ce qui suggère ainsi l'idée que toutes ont une origine commune. Ce n'est cependant pas sur ce point que je désire pour l'instant attirer votre attention, et j'en arrive à un autre fait qui n'a pas été reconnu aussi généralement à savoir que si l'on admet que chaque religion contient un petit nombre d'enseignements d'un caractère universel, chacune d'elles est aussi influencée par un esprit qui lui est propre. Ceci ressort très fortement de l'étude des religions du monde, et c'est là l'une des caractéristiques du plan dont j'ai parlé. Car chaque religion a sa note propre, sa caractéristique spéciale, et leur ensemble ne fait pas entendre un seul son, mais un splendide accord, quand tous ces sons sont entendus ensemble. Prenons les religions de l'Inde et laissez-moi vous raconter un fait qui ne vient pas de moi mais d'un missionnaire chrétien qui vécut, je crois, une quarantaine d'années dans l'Inde et qui connaissait à fond la religion du pays et l'esprit du peuple, le Dr Miller, le Presbytérien bien connu qui fonda à Madras le Collège chrétien. Alors qu'il s'était retiré, écrivant il y a quelque trois ans, aux Hindous qui avaient été pendant tant d'années ses élèves dans le collège qu'il avait fondé et fait construire, il employait cette phrase remarquable : « Souvenez-vous, disait-il, de ce que la religion hindoue a donné au monde : elle lui a fait connaître l'immanence de Dieu et la solidarité entre les hommes. » Ce sont là deux aspects réels d'une grande vérité. Admettre que la vie universelle est dans tout ce qui nous entoure, et que la fraternité humaine n'est que la face terrestre de la grande réalité spirituelle, tels sont les deux principes qui doivent ne jamais être séparés; et cela, ajoute le Dr Miller, est la note principale de la religion hindoue.

Si nous passons maintenant à la religion de Zoroastre, et que nous cherchions quelle est la part spéciale qu'elle apporte à la pensée du monde, nous trouverons qu'elle fait entendre la note de la pureté. De bonnes pensées, de bonnes actions, de bonnes paroles, telle est la triple déclaration que font chaque jour tous les Parsis dans leurs dévotions journalières. Pureté d'esprit, pureté de cœur, pureté d'action; telle est leur caractéristique spéciale, pureté s'étendant à toutes les parties constitutives de notre vie. La terre, l'eau, le feu, ne doivent pas être souillés, c'est-à-dire que les éléments doivent être gardés purs, autrement la vie physique de l'homme serait souillée inévitablement, et l'on sait trop combien cette note est nécessaire à la vie moderne plongée qu'elle est dans la fange. Pas un Zoroastrien ne voudrait souiller un ruisseau, et s'il était donné aux adhérents du grand prophète perse de vivre ici, les cours d'eau qui traversent Manchester couleraient aussi purs et aussi clairs que lorsque la ville n'était qu'un simple village. La note caractéristique des Zoroastriens fut donc que l'homme doit vivre une vie pure au sein d'un entourage pur.

Arrivant maintenant à l'Egypte, quelle est la note qui fut frappée dans la vie religieuse de cette contrée ? Ce fut celle de la science, l'étude de l'homme et du monde qui l'entoure ; trouver dans les mondes supérieurs les réalités dont nous n'avons ici-bas que l'ombre. Ce fut l'Egypte qui étudia la science de la chimie, et le nom même de celle-ci dérive de la terre de Chem, cette terre où fleurit la science du passé, tant son nom est attaché au sujet favori de ses investigations.

Passant de l'Egypte en Grèce et bien que l'espace qui sépare ces deux pays soit physiquement très petit, nous pouvons voir combien grande est la différence qui les divise au point de vue intellectuel, car là où l'Egypte parle de science, la Grèce, elle, parle de beauté, travaillant à mettre le beau dans la vie de son peuple comme aucune nation ne l'a jamais fait et ne le fera jamais. Telle est la leçon qu'elle donna à sa population tout entière. La beauté, chez les Grecs, ne résidait pas dans des œuvres d'art, tableaux ou statues renfermés dans des galeries closes. Non, la beauté de la Grèce se montrait dans l'architecture, dans des statues offertes aux yeux de la masse, et elle comprenait, comme ne l'a pas encore fait l'Angleterre, que le Beau ne doit pas être le luxe de quelques-uns, mais le pain de vie de l'humanité tout entière.

De même que la Grèce parla de beauté, Rome, elle, parla de législation, de grandeur de l'État, de puissance du peuple, celui-ci étant considéré comme faisant corps avec son gouvernement et ses représentants. Rome ne se préoccupait que fort peu de l'individu, elle ne voyait que la nation ; son idéal, était l'État, et le citoyen obéissait à la loi, la liberté réelle d'une nation ne pouvant exister que là où la loi est toute-puissante.

Puis, laissant Rome et la Grèce que l'on peut considérer comme les ancêtres de la civilisation moderne, nous voyons naître dans l'Inde une autre religion, celle du seigneur Bouddha, et la note frappée par celle-ci est celle de la connaissance. Revenant de nouveau vers l'Occident, nous trouvons les Hébreux dont la religion donne la note de la justice, celle du Seigneur Juste qui aime la justice dans la loi ; et c'est dans le sein de ce sentiment de justice que naquit la dernière religion ; celle du Christ. Quelle est la note suivante spéciale que donna le Christianisme au monde ? D'abord, la valeur de l'individu que les nations anciennes du monde n'avaient pas reconnue dans toute son étendue. Pour celles-ci, la civilisation était basée sur la famille. La famille était l'unité, et non pas l'individu. Ce fut le Christianisme qui frappa la note de l'individualisme, et ce fut afin que ce principe fût complètement et profondément développé que quelques-unes des premières doctrines furent pour un certain temps étouffées dans la Chrétienté. La grande doctrine de la RÉINCARNATION enseignée dans l'Église primitive et apparaissant de nouveau de nos jours, fut délaissée pendant mille ans environ par la pensée chrétienne. Et ce fut sage et bon, comme le sont toutes choses, lorsqu'on les considère à leurs justes proportions et à leur vraie perspective, car il était nécessaire d'édifier l'individu. Et l'idée d'une seule vie éveilla chez l'individu une activité qu'il n'aurait pas eue, s'il avait cru que de nombreuses vies s'étendaient devant et derrière lui, et l'obligation de faire des efforts donna naissance à l'idée que l'individualité est nécessaire pour progresser. Oh ! je sens bien qu'en regardant autour de vous, vous constatez les maux causés par l'individualisme ; mais regardez plus loin et vous verrez aussi le bien qui en découle. De même qu'on ne peut bâtir une maison sans briques, de même on ne peut construire une communauté internationale que lorsque les individus sont développés et devenus forts et puissants.

Mais une autre note fut frappée par le Christianisme, note dominante qui tout d'abord ne fut guère prise en considération, mais elle commence maintenant à se faire entendre clairement. Car, alors que l'idée d'une seule vie, d'un ciel et d'un enfer éternels stimulait presque jusqu'à la folie la valeur de l'âme individuelle, il y avait quelque chose d'autre que la doctrine ; il y avait l'exemple du fondateur, et cet exemple faisait résonner la note de l'esprit de sacrifice, qui, en temps voulu, deviendra la note dominante des nations chrétiennes. Car s'il est vrai, comme la chose est réelle, que le Christianisme a élevé l'individu à un rang plus haut que celui qu'il occupait auparavant, il est vrai aussi que la force implique le devoir d'abnégation; et l'exemple magique donné par le Christ contribua grandement à entraîner graduellement les esprits les plus nobles vers le désir de pratiquer, eux aussi, l'esprit de sacrifice qui leur était présenté. C'est pourquoi nous voyons aujourd'hui, dans le Christianisme, si imparfait qu'il soit, un altruisme plus grand que dans toute autre nation du monde. Je parle ici de choses que je connais, ayant voyagé dans bien des pays, et c'est bien souvent que j'ai dit à mes amis hindous : « L'absence de solidarité qui vous caractérise, votre manque de patriotisme, votre apathie en face de l'injustice sont autant de choses dans lesquelles le Christianisme est bien en avance sur vous. Tandis que sur de nombreux points concernant la vie spirituelle, l'Inde est plus avancée que l'Angleterre en tant qu'il s'agit de devoir public, c'est-à-dire le devoir de l'homme à lutter contre le mal, à protéger le faible et à se sacrifier aux malheureux ; en Angleterre, on commence à faire de grands progrès et à démontrer que la puissance est synonyme de devoir et non d'oppression.

Or, ayant esquissé rapidement les religions du monde, quel sera le résultat de cette brève étude ? Chaque religion fait entendre une note différente ; chacune incarne une vie propre, un amour particulier, le mode d'expression diffère et la différence qui existe est un gain plutôt qu'une perte. Aucune de ces notes ne doit être négligée, aucune de ces tonalités dominantes que font résonner les différentes religions ne sera oubliée dans la religion mondiale qui se prépare. A l'Inde, il faut prendre ses doctrines de l'immanence de Dieu et de la solidarité entre les hommes ; à la Perse, son enseignement sur la pureté ; à l'Égypte, la science qui n'est pas en opposition à la religion mais en fait plutôt partie intégrante ; à la Grèce, le sentiment de la beauté ; à Rome, sa connaissance de la loi ; au peuple hébreu, son sentiment de justice ; au Christianisme, l'esprit de sacrifice.

De tous ces joyaux appartenant en propre à chaque religion du monde, lequel pourrez-vous exclure quand naîtra la religion mondiale. En fait toutes les différences dues aux différences d'esprit, de tempérament, nous apprennent une vérité primordiale : que les vérités spirituelles ne peuvent être transmises dans leur perfection par l'intellect ; seul l'esprit dans l'homme est susceptible de saisir les vérités spirituelles. L'intellect s'empare des phénomènes et raisonne sur eux pour en faire des principes ; l'esprit a l'intuition de l'esprit, et sait qu'il est un avec tous ; et toutes vos religions, — toutes les religions du monde, — sont les représentations de la grande vérité spirituelle une. L'intellect est comme le prisme qui décompose la lumière du soleil en ses différentes parties constitutives ; toutes les couleurs sont dans la lumière blanche, mais ne sont visibles que lorsqu'elles passent à travers un prisme ; toute la beauté du monde provient des différences, toutes les couleurs du monde dérivent de la blancheur du soleil. Ce n'est pas dans le soleil que résident les différences existant dans la constitution des objets divers présentant des couleurs et qui font la beauté du monde. Le bleu de la mer, le vert des prairies, les diverses couleurs des fleurs, toutes ces teintes exquises qui ravissent vos yeux par leur charme, toutes ces couleurs émanent de la seule lumière blanche, une partie de cette lumière servant d'aliment, et le reste produisant la beauté.

... La Nature est toute de couleurs variées, bien que la lumière soit blanche : ainsi en est-il avec le soleil spirituel. Un soleil de vérité brille pour toutes les religions qui ont guidé et consolé l'humanité, mais chacune d'elles a pris ce qui lui convenait, rejetant le reste ; et il en est des religions comme de l'arc-en-ciel qui fait la voûte céleste plus magnifiquement belle, parce que chaque goutte d'eau suspendue dans l'air reflète *différemment* la lumière et non *uniformément*. C'est pourquoi toutes les religions sont utiles car elles reflètent *différemment* la lumière ; toutes font la gloire et la splendeur de la religion mondiale diversement colorée, issue de la diversité des croyances qu'elle synthétise toutes.

C'est là le premier point que je désire éclaircir tout particulièrement.

Il ne faut pas confondre Unité et Uniformité. La vie est une, mais la splendeur du monde dépend de la diversité des formes. Quoi ? Qu'est-ce que l'évolution ? le protoplasme devenant minéral et végétal, animal et homme ; mais plus est grande la différence entre eux, plus est grande la vie divine qui les anime tous. Cette vie est si complète, si riche, qu'elle ne peut s'incorporer dans une seule et unique forme ; il n'y a que l'univers tout entier qui puisse refléter l'image divine. C'est donc dans la multiplicité des formes et non dans l'uniformité que git la richesse et la beauté de la religion, comme de tout ce qui existe, par ailleurs, dans le monde, et je pense que la religion mondiale ne rejettera aucune de ces différences mais qu'elle les rassemblera pour constituer un tout. Il n'y a sans doute pas grande puissance dans les notes que vous égrenez une par une au piano en jouant des gammes, mais si ces mêmes notes sont frappées ensemble, choisies et accordées entre elles avec la magie d'un Beethoven ou d'un Wagner, une puissante harmonie s'en dégage; plus ces accords sont nourris, plus ils sont changeants, sonores et complets, plus splendide est cette harmonie issue de la magie du maître qui a su, de plusieurs notes différentes, constituer un ensemble.

Quand la religion mondiale naîtra, elle ne sera pas telle ou telle religion ; elle sera un immense accord, une majestueuse harmonie se dégageant de l'humanité ; chaque note sera parfaite, mais de l'accord complet de ces notes parfaites dépendra la splendeur et la puissance de l'ensemble.

Considérons maintenant quelles sont les conditions qui rendront possible la naissance d'une semblable religion. Il est clair que la chose était impossible il y a deux cents ans. Toutes les diverses religions se renfermaient dans leurs coques protectrices respectives, chacune d'elles ignorant tout des voisines. Que connaissait le Christianisme des grandes croyances de l'Orient, il y a deux cents ans ? Bien des choses ont apporté à cet égard plus d'une transformation. Ce furent tout d'abord les progrès de la science, grâce auxquels les moyens de communication devinrent plus rapides et plus faciles. Lorsqu'il fallait des mois pour faire la moitié du tour du monde, l'homme, quand il partait, s'installait dans tel ou tel pays, y faisait sa résidence, y vivait et y mourait. Du jour où les moyens de communication deviennent plus fréquents et plus pratiques, dès lors que vous pouvez aller de Londres à Bombay en moins de quatorze jours, temps que j'ai mis à faire ce voyage il y a quelques semaines, dès lors que vous voyez ces moyens de transport devenir de plus en plus rapides, les hommes appartenant à des Fois différentes viennent en contact les uns avec les autres, se coudoient et se communiquent leurs pensées mutuelles.

Lorsque j'étais enfant, on éditait encore de ces cartes de missionnaires où les nations du monde étaient peintes selon leurs couleurs religieuses respectives. Un beau jaune, symbole de la lumière, indiquait tous les pays chrétiens ; le reste était peint en noir, symbole de l'obscurantisme. On appelait cette partie noire : l'empire du paganisme ; les parties brillantes s'appelaient : Christianisme et l'esprit de l'enfant était quelque peu attristé et déprimé à la vue de tout ce noir qui s'étendait partout dans le monde, en une bien plus grande proportion que le Christianisme. Les chrétiens pensaient alors que leur foi était unique, qu'elle était l'unique révélation. Mais, il n'y a pas si longtemps, un archevêque de Cantorbéry en s'adressant, dans *Exeter Hall*, à une foule de missionnaires rassemblés avant leur départ pour les Indes, recommanda à ces derniers de ne pas oublier qu'ils allaient dans une nation ayant ses propres Écritures, sa philosophie, sa croyance, et qu'ils n'avaient pas à oublier que toutes les Écritures sont inspirées de Dieu, bien qu'il jugeât les siennes comme étant les plus inspirées de toutes. Mais lorsqu'un archevêque peut s'exprimer de la sorte, quand, en envoyant des missionnaires, il les prie de se rappeler, — ainsi que le fit saint Paul, il y a quelques siècles, — que Dieu s'exprima de bien des façons différentes, dans le passé, par l'intermédiaire des prophètes, lorsqu'on en vient à reconnaître que ces prophètes ne sont pas l'apanage d'une nation, mais qu'ils sont de toutes les nations ; lorsqu'on en vient à comprendre que les Écritures appartiennent à toutes les religions et non à une seule ; lorsqu'on en vient à admettre que, dans le royaume divin, il n'y a ni hérétiques ni damnés mais que, dans cette grande famille humaine, tous font partie de la maison du père, ah ! dès l'instant où ces sentiments s'élèvent du cœur des hommes, — et ils s'expriment déjà aujourd'hui parmi les fleurs de l'humanité dans toutes les nations, — alors un pareil état de choses rend possible, plus que jamais, la religion mondiale. Et l'on comprend que, peut-être, s'étendra ce sentiment exprimé dans l'une des antiques Écritures de l'Inde où il est dit que par Shri Krishna Dieu parla, où il est dit encore que Shri Krishna déclara : « L'homme vient à Moi, par de nombreuses voies, quelle que soit la voie par laquelle il s'approche de Moi, je l'accueille car toutes les voies sont Miennes. » C'est là une grande vérité. Dieu est le centre, les religions sont toutes sur la circonférence et, de même que tous les rayons aboutissent au centre, toutes les religions conduisent à Dieu.

Ce qu'il convient, ce n'est pas de nous convertir les uns les autres, ce qu'il faut avant tout c'est approfondir et spiritualiser la religion à laquelle chacun de nous appartient pour en trouver, *par soi-même*, la valeur. Comme cet état d'esprit se généralise, comme les hommes en arrivent à admettre qu'ils ont tous à apprendre les uns des autres, que tous ont quelque chose de bien à enseigner, comme cette attitude mentale est maintenant commune à toutes les nations civilisées du monde, la naissance de la religion mondiale est désormais possible.

Autre chose encore vient aujourd'hui nous assurer de cette possibilité. J'ai parlé tout à l'heure des recherches archéologiques, des travaux des étudiants, de l'étude que l'on entreprend partout des choses de l'Orient comme de celles de l'Occident. De toutes ces recherches et de ces études se dégage la vérité que j'ai mentionnée, à savoir : qu'il y a certaines grandes doctrines tenues pour exactes partout et en tous temps par tous les peuples et que nous retrouvons dans toutes les religions du monde. C'est là le vrai Catholicisme. Enseignements admis depuis toujours, enseignements professés partout, enseignements crus par tous. Et pourquoi est-ce là le vrai catholicisme? Parce que c'est un témoignage de l'universelle conscience religieuse envers ce principe : l'union de l'Homme avec le Divin.

Vous n'ignorez pas que, au siècle dernier, alors que la science paraissait édifier un rempart de matérialisme inattaquable, le professeur Huxley, et beaucoup d'autres avec lui, se baptisèrent du nom d' « agnostiques », terme qui résumait la position intellectuelle choisie par eux. Ce mot était significatif. Littéralement traduit, il est naturellement absurde, car il signifie : « sans connaissance ».

Il fut adopté par les hommes de science, qui n'étaient certainement pas des ignorants, et nous savons tous ce que signifie réellement : « Agnostique » : « sans *la Gnose* » et la Gnose n'était pas la connaissance en général, mais une connaissance particulière. Le professeur Huxley déclare que l'homme possède deux moyens de connaissance : celui offert par les sens à l'aide desquels l'homme observe les phénomènes, et la raison à l'aide de laquelle il considère le phénomène et en tire des conclusions. Telles sont, disait-il, les deux méthodes de connaissance pour l'homme, les seules qu'il concédait à tout individu : d'une part, les sens, pour observer ; d'autre part, la raison pour comprendre. Mais la Gnose, — tout ce qui ne peut être connu par les sens, — ne s'obtient pas par l'intellect ; c'est la connaissance de l'esprit par l'esprit et cela, a-t-on dit, c'est *Inconnaissable*.

Regardez-vous maintenant vous-mêmes, ou embrassez d'un regard l'histoire de l'humanité dans son ensemble. Certes, vous avez un corps et des sens, des sentiments et une raison; n'avez-vous rien de plus? De votre réponse à cette interrogation dépend l'avenir de la religion. Toutes les Écritures sont unanimes sur ce point : que les sens ne peuvent voir, ni la raison comprendre *l'esprit qui est la vie, vie universelle et éternelle*. Ne trouvez-vous rien en vous qui soit supérieur aux sens et à la raison? N'avez-vous, à aucun moment de votre vie, senti quelque chose de plus, en vous, que cela? L'histoire nous dit que ce que l'on appelle l'Instinct religieux est, de tous les témoignages de la conscience humaine, le plus répandu, le plus persistant. C'est là un point auquel il nous faut songer lorsque vous envisagez l'agnosticisme. Vos sens peuvent vous tromper; ne vous font-ils pas croire que le soleil se lève ou se couche alors qu'il ne se produit rien de semblable? N'arrive-t-il pas aussi parfois que votre raison vous induise en erreur, car elle manque souvent de base pour un travail déterminé, et ses conclusions dépendent de la nature même des bases sur lesquelles elle édifie ces conclusions. Des grands intellects comme des moindres, des nations de toutes les espèces, s'est élevée cette conscience religieuse qui se montre aujourd'hui encore. Allez-vous admettre les témoignages de la conscience partout ailleurs et les méconnaître, les refuser pour ce point particulier ? Pouvez-vous ignorer ce témoignage universel des âges passés persistant jusqu'à nos jours ? C'est de cela, c'est de cet universel et antique témoignage que jaillit la religion, car la religion n'est autre que la recherche de Dieu par l'homme ; telle est sa véritable définition. Et ce qu'il y a en cela d'intéressant, c'est qu'à mesure que vous vous élevez au-dessus des sens et de la raison, vous vous élevez aussi au-dessus des *différences* ; en effet, les témoignages de tous les mystiques, dans leur expérience religieuse, se ressemblent. Le Yogui hindou, le saint catholique Romain, le dévot Protestant, tous ont les *mêmes* expériences et s'expriment de la même façon. Ils diffèrent dans les cérémonies, croyances, choses extérieures, mais dans la région de l'Esprit, ils ne parlent qu'une seule et même langue et ce ne sont plus, là, ces tours de Babel des foules ici-bas. Si vous êtes enclins à rejeter ces considérations, vous vous trouverez alors en présence d'une autre difficulté : les hommes que l'humanité révère, les hommes que l'humanité considère le plus, sont précisément les hommes dont la conscience religieuse s'est manifestée le plus clairement, de la façon la plus décisive.

Les conquérants apparaissent et disparaissent, les rois règnent et périssent, les hommes d'État viennent et s'en vont, mais les génies de la religion demeurent, de génération en génération, d'âge en âge, conservant les hommages et la vénération de l'Humanité.

Quel conquérant du passé ou du présent, quel puissant roi, quel génie, quel homme d'État, qui donc placerez-vous en parallèle avec le Bouddha et le Christ? Qui donc opposerez-vous comme modèles, comme exemples, comme spécimens d'une parfaite et suprême humanité? Leur couronne est immortelle, elle ne se flétrit jamais; leur royaume est durable car il ne connaît pas la chute. Des millions et des millions d'hommes, dans toutes les générations, rendent hommage à la grandeur de ces deux Êtres. Je ne soulève pas à leur sujet de questions religieuses, je ne demande pas s'ils furent, ou non, *plus* que des hommes mais je déclare que, parmi tous les hommes, que l'Humanité ait jamais produits et dont les noms sont encore célèbres, il n'en est pas un seul qui approche ces deux-là, il n'en est pas un seul auquel des myriades d'âmes adressent autant de vénération profonde et d'amour. Voilà donc encore un témoignage en faveur de la grandeur de l'idée religieuse.

Pour la première fois, il nous est aujourd'hui possible, en considérant le monde, de voir que tous les grands Instructeurs furent animés du même esprit, que les grandes vérités, ainsi que je l'ai dit, furent et sont encore *une*. Mais une nouvelle question surgit :

Si cela est, comment écarter les différences, là où elles sont causes de controverses?

En essayant d'élever les hommes du terrain de la spéculation intellectuelle à la conscience spirituelle où tous les hommes sont un.

Telle est la réponse.

La religion mondiale ne peut être *dogmatique;* elle doit être ce qu'on appelle : *mystique*. Que signifient ces deux mots?

Je ne suis pas de ceux qui, en étudiant l'histoire religieuse, sont enclins à mépriser et à flétrir le dogme. Je prétends au contraire qu'il est nécessaire à un stade déterminé de l'évolution religieuse, à un stade déterminé dans l'éducation.

Un dogme n'est que la déclaration d'une vérité imposée de l'extérieur à autrui. C'est l'enseignement par l'autorité, autorité d'un livre, d'un homme, ou d'une Église, peu importe ! Cet enseignement vient à l'homme de l'extérieur et exige une foi absolue de la part de celui qui le reçoit. Pareille méthode existe dans le domaine scientifique quand vous commencez à apprendre la science. Lorsque vous pénétrez dans le laboratoire de l'école, vous êtes tenus d'apprendre en vous fiant à des enseignements dogmatiques. Le professeur affirme que telle ou telle chose est une vérité et si l'enfant ne l'admet pas, pour un certain temps du moins, il ne sera susceptible d'aucun progrès dans le cours de ses études. Si, dans le laboratoire, il désire être un libre-penseur, il y a de grandes chances pour qu'il lui survienne des accidents qui le réduiront en miettes ; s'il déclare : « Oh ! je ne puis rien admettre d'autorité ; je prétends me passer du témoignage de qui que ce soit venant me déclarer qu'une explosion se produira si je combine le chlore à l'azote. » S'il prétend faire ainsi qu'il dit, il s'assurera de la chose par lui-même, mais il recueillera le fruit de son expérience en d'autres mondes que celui-ci.

Il vous faut des dogmes, vous ne pouvez pas même vous en passer durant un laps de temps très court, mais ce que l'étudiant apprend ainsi par le dogme, il l'apprend plus tard par expérience personnelle, et ce n'est qu'alors qu'il *sait* réellement. Ce que l'on vous apprend ne saurait être pour vous la connaissance ; vous pouvez répéter ce que vous avez entendu, mais ce n'est pas là savoir ; aussi toute méthode d'éducation a-t-elle pour principal objectif de faire passer l'étudiant du stade dogmatique à celui où il pourra savoir et connaître par lui-même avec sa propre raison, sa propre intelligence ; la même chose est vraie en religion, dans l'Enfance de l'Ame. Durant les premières périodes de l'évolution de l'âme, le dogme est nécessaire pour entraîner cette âme ; les objections faites et les critiques portées au dogme sont de vulgaires preuves d'ignorance, car ceux qui le critiquent ne tiennent aucun compte de sa vraie signification ni de sa place dans la longue évolution de la conscience humaine. Mais arrive un point où le dogme doit laisser la place à la connaissance par soi-même.

La croyance du mystique, sa connaissance, se résument en ce simple fait qui consiste à accepter une vérité qui lui serait imposée de l'extérieur, il découvre et reconnaît *en lui* une vérité, et il s'oblige en plus à se conformer à cette vérité intérieure. Voilà ce qu'est le mystique.

C'est l'homme qui voit la vérité. La connaissance ! c'est là ce dont vous avez besoin ; et quelle est la condition même de cette connaissance ? Cette condition consiste à pouvoir modifier une partie de vous-mêmes pour être en mesure de répondre aux impacts qui, de l'extérieur, viennent vous frapper. Vous voyez grâce à votre corps éthérique et parce que l'éther qui est dans l'œil vibre à la lumière, lumière due aux vibrations de l'éther ; vous voyez par la faculté que vous avez en vous de pouvoir reproduire ces vibrations. Et il en est de même pour tous nos sens. Vous ne connaissez du monde extérieur que ce à quoi vous pouvez répondre de l'intérieur de votre être. Ouïe, odorat, goût, vue, toucher, ce sont là autant de modifications de votre corps, lequel a appris à se modifier dans ces différents sens, à répondre aux vibrations qui lui arrivent de l'extérieur. Il y a des millions de modes vibratoires qui vous entourent et vous frappent, dont vous n'avez pas conscience faute de pouvoir les reproduire en vous ; appliquant cette loi qui se répète dans tous les domaines, car le monde est *un*, appliquant cette loi à des degrés supérieurs, l'homme qui a développé en lui la nature spirituelle peut répondre aux vibrations spirituelles de l'univers parce qu'il peut les reproduire en lui-même. Tel est le mode de connaissance pour que le Dieu en nous réponde au Dieu qui nous est extérieur; alors, et alors seulement, vous avez la *Gnose*, alors seulement vous pouvez savoir que Dieu est. Vous ne pouvez prouver son existence par des raisonnements; intellectuellement parlant, il ne vous est possible que d'arriver à des probabilités. Vos sens ne peuvent non plus le voir. « Ce n'est pas par l'œil de chair qu'on le connaît », dit un verset hindou, « mais seul l'esprit en vous qui est une partie de Lui-même, une étincelle du feu éternel, une semence de l'arbre impérissable, connaît la source dont il provient : et quand l'esprit s'ouvre, alors seulement, on connaît Dieu. » Si vous le cherchez en vous plutôt qu'à l'extérieur, si vous descendez dans les profondeurs de votre être au lieu de chercher autour de vous où l'on ne voit de lui que relativement peu, lorsque vous l'aurez trouvé en vous, vous Le verrez alors partout à l'extérieur; désormais nul ne pourra vous ébranler dans votre foi, car il s'agit dès lors pour vous de *connaissance* et non de *ouï-dire*.

Tel est le témoignage du mystique ; voilà aussi ce qu'enseignera la religion mondiale ; elle n'imposera aucun dogme extérieur, elle évoquera la réponse de l'être intérieur, elle s'efforcera de développer la nature spirituelle, apprendra que la foi apparaît dès l'instant où la vérité est vue. Oh ! quelle grande folie fut celle des peuples qui, pour propager la religion, tirèrent l'épée en imposant leurs vérités. Pourquoi ? Le seul désir de la vérité est de se manifester à l'esprit de l'homme. Si vous êtes enfermés dans une chambre obscure où aucun rayon de soleil ne pénètre, bien qu'il brille au dehors, vous dirai-je : « Vous serez damnés car vous niez le soleil » ? Ou bien vous dirai-je : « Mon frère ! sortons ensemble et venez là où le soleil brille » ? La nature de la vérité est telle. Le besoin de la connaître est en vous, vous avez besoin d'y croire et vous devez la connaître par *vous-même*. Lorsque la religion mondiale sera née, tout homme trouvera en lui-même le pouvoir de *connaître* et, de ce fait, il connaîtra la conscience spirituelle.

Sachant cela, n'essayez donc jamais d'imposer de l'extérieur, et à aucun homme, une croyance qui lui répugne ; dès l'instant où celui-ci aura pu s'élever sur le plan où elle est visible, elle brillera à ses yeux. Nous ne pouvons pas grand'chose à cet égard pour autrui, nous pouvons décrire nos propres expériences, dire ce que nous savons, mais l'homme *doit connaître par lui-même* car alors seulement *la connaissance est Connaissance.* Quand vous aurez atteint ce point, vous saurez que chaque stade a son rôle déterminé et sa beauté propre ; vous ne plaindrez plus les âmes-enfants qui ne trouvent encore que par l'image et le symbole la voie dans laquelle elles pensent pouvoir se rapprocher davantage du Divin : vous comprendrez que chaque enseignement a sa valeur, chaque religion son œuvre à remplir, mais qu'une religion, pour être mondiale, doit être plus grande que l'homme, embrasser le monde ; autrement, certains ne pourraient s'y rattacher, alors qu'elle doit nous englober tous.

Mes dernières paroles, amis, vous diront que si vous désirez l'avènement d'une semblable religion mondiale qui, en même temps, sera la base d'une Fraternité universelle comme de la Paix universelle, il vous faut entreprendre votre propre éducation individuelle plutôt que de chercher à exercer vos activités extérieurement à vous-mêmes. A mesure que nous pénétrons en nous, dans notre nature spirituelle, que nous trouvons vérités sur vérités en nous-mêmes et que nous nous apercevons que nous sommes vraiment des Dieux en voie de devenir tendant à une ressemblance de plus en plus parfaite avec le Divin, oh ! dès l'instant où nous nous rendons compte de cela, nous posons les bases de la religion mondiale et ce que l'on ne peut obtenir par l'argument, par la controverse, par les raisonnements intellectuels, nous l'obtiendrons le jour où notre cœur et notre amour auront éveillé en nous la nature spirituelle de notre être, car l'amour est au-dessus de l'intellect, il est plus puissant et plus profond que l'intelligence; l'Amour et le Divin sont si intimement unis que l'homme qui sait aimer ne saurait tarder à aimer Dieu.

VII

L'Angleterre et l'Inde

Conférence faite à la *Fabian Society* au *Memorial Hall*, Londres, 26 mai 1911.

Depuis dix-huit ans environ, j'ai passé la plus grande partie de mon temps dans l'Inde, et peut-être est-ce par suite de ce long séjour en Orient, et de la sympathie si vive et si profonde que j'éprouve pour la pensée orientale et les coutumes de cette partie du monde que le Comité Exécutif de votre Société m'a demandé, en cette circonstance, de parler sur l'Angleterre et l'Inde. Comme préambule à ce que j'ai l'intention de vous dire, peut-être me sera-t-il permis de suggérer qu'il y a beaucoup — j'allais dire de sottise, mais cela serait peu courtois — disons donc plutôt qu'un manque de bon sens se fait sentir dans les conversations si fréquemment entendues au sujet des divergences profondes qui existeraient entre l'esprit occidental et l'esprit oriental, de l'impossibilité qu'il y a pour l'Hindou de comprendre les Anglais et la même impossibilité qu'ont ceux-ci de comprendre les Hindous ? Il est parfaitement vrai que l'attitude de l'Hindou envers la vie et la pensée est très différente de l'attitude de l'Anglais ; mais ceci a pour causes une habitude ancienne, une ambiance, des conditions de vie, plutôt qu'une différence dans l'intelligence et dans la pensée. On dit quelquefois que l'esprit oriental est subtil, tandis que l'esprit occidental est scientifique. Il est très vrai que l'Hindou de culture moyenne, même complètement dépourvu de toute éducation, possède une aptitude beaucoup plus grande à comprendre tout ce qui est abstrait, tout ce qui est du domaine spirituel, que l'Occidental de moyenne culture ; mais, d'autre part, il est bon que l'Occident comprenne, — car, je le crois, l'erreur a sa racine dans les fausses conceptions que l'Angleterre et l'Inde se font l'une de l'autre, — que, étant donné des conditions similaires en Orient, l'Hindou répond à ces caractéristiques exactement de la même manière que l'Anglais, et que le manque de compréhension de la part des Hindous, en ce qui concerne l'influence occidentale, résulte en grande partie des malentendus et de l'agitation qui règnent aujourd'hui. Différence d'attitude envers la vie, oui ! cela existe certainement; tendances pour la métaphysique et la pensée abstraite, cela aussi se rencontre continuellement; mais il n'en est pas moins vrai que cette attitude est susceptible de se modifier rapidement lorsque la mentalité hindoue se met en contact avec la pensée et les coutumes occidentales. Ce qui a donné lieu aux troubles qui surgirent ces dernières années, ici et là-bas, ce qui suscite ce que l'on a appelé l'agitation de l'Inde, ce qui généra cette inutile inquiétude quant aux résultats de cette agitation en Angleterre, tout cela est dû, en grande partie, aux caractéristiques mêmes de l'Inde, à son attitude, à sa réponse, apparemment inattendue. Aussi vais-je essayer ce soir de vous présenter les fruits d'une longue expérience que j'ai de la vie dans l'Inde, et des relations d'amitié et d'intimité très étroite que j'ai eues avec un grand nombre d'Hindous appartenant à la classe la plus cultivée. Afin de rendre clair ce que j'entends exposer en disant que l'attitude envers la vie est différente si l'on compare l'Anglais avec l'Hindou, mais que la différence n'est pas aussi grande qu'on se plaît à le dire, et afin qu'aucune fausse interprétation ne soit donnée à mes paroles, permettez-moi de commencer par vous dire quelques mots sur les conditions de la vie dans l'Inde avant que l'influence de l'Angleterre ne s'y fût répandue et spécialement avant que l'éducation anglaise ne s'y soit frayé un chemin.

Le système des castes dans l'Inde, primitivement intelligent et utile pour le progrès social méthodique, s'est divisé, au cours des derniers siècles, comme le savent la plupart d'entre vous, en un nombre incalculable de subdivisions qui ne sont ni justifiées par la nature, ni utiles quant aux résultats qui peuvent en découler. La division originelle en quatre grandes classes se trouve sous une forme ou sous une autre dans tous les pays civilisés : la classe des penseurs, des instructeurs, des guides de la pensée religieuse ; la classe des législateurs, des gouvernants, des conservateurs de l'ordre civil ordinaire ; la classe des organisateurs de l'industrie, des marchands, de ceux qui dirigent l'agriculture, des banquiers, et ainsi de suite ; vient ensuite la grande masse qu'on désignerait ici sous le nom de prolétariat, les laboureurs, les artisans, les ouvriers des arts et métiers divers ; il existe là un système de divisions naturelles qui ne devient néfaste qu'autant qu'il est trop rigide, qu'il perd la flexibilité des anciens jours et que le passage d'un homme d'une de ces classes dans une autre est entravé, non par des conditions naturelles, mais par des conditions artificielles. Lorsque le pouvoir eut graduellement passé d'entre les mains de chefs hindous appartenant à la foi hindoue, et que les musulmans eurent conquis de grandes portions du territoire hindou, on trouva, à côté de cette différence de religion, comparativement peu de désaccord au point de vue social ou civil ; les gouvernants musulmans essayèrent très sagement de se rendre favorables la vaste majorité de leurs sujets appartenant à la foi hindoue ; et même, de nos jours, la division entre Musulmans et Hindous n'existe pas dans les Etats de l'Inde comme elle existe sous le Gouvernement britannique. Si vous allez dans les grands territoires du Nizam, dans la province du Deccan, vous y trouverez de temps à autre un Hindou faisant fonction de premier ministre, des masses d'Hindous formant la majorité des sujets du Gouvernement musulman ; mais socialement, civilement, vous n'y trouverez pas de lignes de division vraiment importantes. La même chose se présente en ce qui concerne des Musulmans gouvernés par un chef hindou. C'est l'intérêt du chef d'avoir des rapports amicaux avec tous ses sujets, et si vous allez au Cachemire où la majorité du peuple appartient à la religion musulmane et non à l'hindoue, mais où le Mahârâja est hindou, vous y constaterez que Musulmans et Hindous vivent dans la meilleure intelligence et qu'il n'y a pratiquement entre eux aucun élément de division pouvant donner lieu à des sentiments d'animosité ou de trouble. Il n'en est pas ainsi dans l'Inde britannique. C'est dans l'Inde et là seulement que l'on peut voir grandissant, et se creusant de plus en plus, le gouffre religieux qui divise la nation en deux parties, et ce gouffre s'élargit de plus en plus chaque année ; aussi aujourd'hui les gens qui vous diront que leurs aïeux avaient avec les Musulmans les rapports les plus intimes, qu'ils mangeaient ensemble des vivres d'une certaine espèce, et entretenaient les relations les meilleures, vous diront aussi qu'ils ne peuvent, eux, agir comme le faisaient leurs aïeux et que la ligne de séparation, tant au point de vue social que civil, devient de plus en plus distincte au cours du temps. Or, si on veut bien se rappeler que les Musulmans avaient été dans l'Inde depuis longtemps et qu'ils formaient le quart de la population totale, on en conclura immédiatement que si une nation hindoue doit progresser, Musulmans et Hindous doivent apprendre à avoir l'esprit national hindou, et se convaincre que l'unité de la nation est plus importante que la division en partis religieux. Il s'ensuit qu'il est bien malheureux — autant que je puis moi-même juger la question, et la grande majorité des gens cultivés de l'Inde est, je le crois, en cela d'accord avec moi — il est extrêmement déplorable, dis-je, que le dernier plan de réforme, tendant à l'accord avec un Gouvernement autonome dans l'Inde pour l'avenir, il est déplorable que ce projet ait été entravé par l'introduction d'électorats musulmans. J'allais dire électorats *musulmans et hindous*, mais ces derniers n'ont ni les privilèges ni le droit de vote et d'éligibilité, ce qui est accordé aux Musulmans. Si bien qu'aujourd'hui vous avez dans l'Inde une ligne de démarcation comparable à celle qui existait, il y a un siècle, en Angleterre, et qui divisait en deux camps opposés les catholiques romains et les protestants, deux camps nettement hostiles l'un à l'autre en ce qui touchait les questions politiques.

Or, la vie politique de l'Inde ne peut jamais devenir forte et saine que si l'Hindou se considère comme Hindou et non comme Musulman ou Hindou; les intérêts des deux partis sont en réalité les mêmes, bien que, superficiellement, ils puissent paraître momentanément divisés. Ce regrettable état de chose qui fait obstacle à un grand acte de justice rempli de grandes possibilités pour l'avenir, disparaîtra graduellement, il faut l'espérer, et espérons aussi que les gouvernants anglais abandonneront désormais cette voie néfaste jusqu'ici poursuivie.

En nous rappelant ce fait — c'est-à-dire la différence qui existe en ce moment entre ces deux communautés — considérons certaines choses qui doivent être de la plus grande importance dans l'œuvre future; je vais, pour un instant, les exposer avant de reprendre le changement graduel survenu dans la vie hindoue et qui, dans une certaine mesure, a provoqué les difficultés actuelles. Le fait que le Musulman a gouverné l'Inde dans une large mesure, qu'il y est venu en qualité d'envahisseur et y est resté comme conquérant, a procuré à la population musulmane un grand avantage en ce qui concerne tous les mouvements qui se produisent actuellement dans l'Inde et qui s'y produiront plus nettement dans l'avenir. Le Musulman possède ce que l'on peut appeler l'instinct de la politique, instinct que ne possède pas l'Hindou. On peut voir cet instinct se dégager fortement dans les discussions qui s'élèvent aujourd'hui au sujet des fondations d'universités dans l'Inde. Du jour même où une université musulmane fut proposée, on put voir la population musulmane se lever en masse sans se préoccuper des détails, sans discuter les questions avant que celles-ci fussent mûres pour la discussion ; tous adoptèrent l'idée d'une université comme un seul homme eût pu le faire. Mais si, de l'autre côté, on examine les Hindous, on trouve des avis opposés, tous voulant faire prévaloir leurs vues particulières, celles-ci dussent-elles même faire avorter le projet, et bien longtemps avant que le sujet n'ait été complètement développé, on verra que le camp s'est divisé en un grand nombre de partis divers, personne ne voulant renoncer à ses propres idiosyncrasies pour que l'ensemble des opinions, par un compromis rationnel, puisse mener à bien le but proposé. Et, si l'on considère l'avenir politique de l'Inde, ce point est d'une importance capitale.

Les Hindous ont tendance à se diviser par petits groupes se rassemblant autour d'un homme spécial ; il n'y a aucune coopération, aucune tendance à former des combinaisons. L'absence de pouvoir politique qui s'est fait sentir depuis de nombreux siècles semble avoir détruit radicalement tout instinct de la politique, instinct si proéminent chez les Hindous du passé, et que l'on rencontre encore quelquefois individuellement chez les Hindous d'aujourd'hui.

Or, avant de revenir à la question que je désire développer plus longuement, permettez-moi d'esquisser brièvement les conditions qui ont rendu la mentalité hindoue ce qu'elle est actuellement. J'ai parlé de ces quatre divisions principales qui existent naturellement et pratiquement partout ; mais à mesure que ces divisions devenaient plus strictes, et que le passage d'une caste à une autre devenait impossible, on vit des classes s'élever et réclamer des privilèges, oubliant complètement les devoirs sur lesquels ces privilèges reposaient à l'origine. On voit une classe de savants, profondément instruits, les Pandits, versés dans leur propre langue classique, le sanscrit, et ne connaissant rien en dehors de cela sauf leur langue natale, qui n'ont été ni touchés ni influencés par la pensée et par l'esprit occidental, devenir de plus en plus une classe se tenant complètement en dehors de la vie et du mouvement du pays ; la classe qui, de par son savoir, devrait être parmi les *leaders* de la pensée, mais qui, par suite de l'ignorance dans laquelle elle se trouve des conditions modernes, est entièrement fermée à toute influence provenant du courant de la pensée moderne ; et cependant c'est une classe qui, par sa tradition, par les coutumes, possède sur les masses un pouvoir énorme, presque omnipotent ; et alors qu'elle ne peut rien pratiquement sur la classe cultivée, elle a sur la vaste masse de la population un empire tellement puissant qu'elle la dirige à son gré, tendant toujours à la faire s'opposer à la pensée moderne, ne voulant rien entendre d'une vie ou d'une pensée qui soit en dehors de son sein.

Puis, vous avez cette particularité de la vie hindoue que la classe instruite a toujours été pauvre. L'argent et le savoir n'ont jamais marché de pair en Orient. La gloire du savant est tout entière dans son savoir et non dans ses richesses; vous avez ainsi une classe apte, par hérédité, à apprendre et pouvant réclamer, par tradition, le droit d'apprendre, mais une classe qui, se trouvant en face de conditions auxquelles elle n'est pas accoutumée, trouve impossible de s'y conformer ou de recevoir du Gouvernement anglais l'éducation à laquelle elle pense avoir droit par hérédité.

Or, cette classe, la plus capable, la plus éclairée, la plus apte aux études, n'est pas seulement en grande partie empêchée de s'instruire par suite du prix excessif exigé pour recevoir l'éducation anglaise, mais encore, ceux qui en font partie ont des préjugés contre toute forme d'emploi qui n'est ni une profession libérale, comme la magistrature ou la médecine, ni un poste dans le Gouvernement. Habitués, pendant de longs siècles, à vivre de l'enseignement, n'étant pas rémunérés pour cet enseignement, mais entretenus ils enseignaient gratuitement tout étudiant qui venait à eux pour s'instruire; ils étaient pourvus de tout ce qui est nécessaire à la vie par les chefs de famille de la population, spécialement par les législateurs et plus encore par la classe des marchands; ce n'était pas à eux de gagner de l'argent ni de subvenir à leurs besoins matériels ; la science était leur unique richesse, et ils la dispensaient gratuitement à quiconque venait la leur demander. Le système d'éducation consistait en ce qu'un jeune homme pouvait se présenter à un Pandit et attendre de lui, non seulement l'enseignement, mais encore les vêtements, la nourriture, le gîte, en un mot tout ce dont il avait besoin pendant le temps que devait durer son éducation. Ce sentiment est encore si fort dans l'Inde que de temps à autre, à notre Collège Central Hindou — où toutes les conditions sont modernes, où de nombreux professeurs sont rétribués et où toute l'organisation est inévitablement influencée en grande partie par l'esprit anglais — nous voyons arriver de temps à autre un jeune garçon — venant quelquefois à pied de plusieurs centaines de milles — parce qu'il a entendu dire que nous y donnions l'instruction. Ce jeune garçon vient nous demander de l'instruire, et si l'école est pleine et que nous ne puissions prendre un élève de plus à titre gratuit, s'il n'y a pas de place pour le prendre en pension, nous avons beau lui expliquer toutes nos raisons maintes et maintes fois, il ne comprend pas et se contente de nous regarder, comme la chose m'est souvent arrivée, en disant : « Mais, mère, je veux apprendre ! » Telle était la vieille méthode en ce qui touchait l'enseignement. En conséquence, toute jeune personne qui veut apprendre a le droit d'apprendre et ne s'attend pas à être obligée de payer pour cela.

Or, quand le système d'éducation anglaise se présenta à un peuple nourri de ces idées depuis des siècles, à un peuple qui entretenait la classe entière de ses instructeurs et qui, en retour, attendait d'eux une éducation gratuite, la nourriture, le logement, l'entretien pour tous ceux qui venaient à eux, on comprendra facilement qu'avec une telle tradition, les méthodes anglaises d'enseignement aient tout d'abord paru inintelligibles aux Hindous et provoqué un mécontentement général. Une difficulté a surgi en ce sens que l'éducation est devenue de plus en plus dispendieuse. Les prix, dans les collèges et les écoles, se sont augmentés d'année en année. La classe qui réclame le plus l'instruction se trouve donc exclue de ces établissements, ses moyens ne lui permettant pas de payer les prix qui y sont demandés. Vous avez donc ainsi une classe dont le mécontentement augmente sans cesse par le fait qu'elle ne peut obtenir l'enseignement qu'elle désire et incapable qu'elle est de se procurer des moyens d'existence dédaignés par les vieilles traditions et les anciennes coutumes. Ceux-là seuls qui ont suivi le régime d'éducation anglais ont pu trouver différentes façons assez restreintes de s'employer, telles qu'un poste dans le Gouvernement — cet emploi étant considéré comme honorable bien que très pauvrement rétribué ; soit encore dans la magistrature — celle-ci, par une perversion des idées anciennes, étant adoptée aussi par un grand nombre des membres de la classe enseignante ; et c'est ainsi que, graduellement, les professions de magistrats, de médecins et d'employés au service du Gouvernement se sont trouvées encombrées. Puis, par suite d'une loi économique qui doit ici vous être familière, les émoluments de ces branches de profession se sont abaissés de plus en plus, et de plus en plus nombreux furent ceux qui ne purent même y avoir accès en cherchant à tirer parti de l'instruction qu'ils avaient acquise à un prix si élevé.

C'est là une des causes qui ont suscité un mécontentement qui s'étend toujours davantage. En somme, le système d'éducation n'a pas été élaboré aussi bien qu'il aurait dû l'être. D'abord, on transplanta seulement le système anglais au lieu de créer un nouveau système et d'y faire entrer certains principes pouvant s'adapter au pays étranger auquel ce système devait s'appliquer ; en dressant des hommes pour ces professions spéciales, on n'a fait que provoquer un encombrement laissant subsister le mécontentement au sein de la foule extérieure.

Actuellement, on emploie souvent ici un terme très blessant. On parle de Bâbûs, et ce terme signifie maintenant un commis. Autrefois, il désignait un prince, et ce terme — employé par des Anglais qui n'ont pas la moindre idée du sens qu'il représente et qui le répètent à tour de rôle en lui donnant toujours un sens de mépris — est appliqué à des classes élevées de gentlemen hindous qui se sentent insultés et vexés quand ils s'entendent qualifiés de ce terme. Les titres destinés à honorer les gens dans l'Inde sont devenus, dans la bouche des Anglais, des termes de mépris ; ceux-ci sont répétés, idiotement répétés, au point de révolter la sensibilité naturelle et légitime de l'homme cultivé, celui-ci souffrant d'une insulte qui lui est faite le plus souvent sans intention de la part des Anglais. On entend souvent des phrases comme « Babu

English ». Or, si l'anglais parlé par les Hindous est mauvais, c'est de la folie de la part des instructeurs de commencer à parler mal eux-mêmes, et non la faute de l'étudiant qui, lui, ne fait qu'appliquer ce que son professeur lui a appris. Vous vous moquez du style ampoulé des Hindous, vous insistez pour qu'ils étudient les œuvres d'Addison et des auteurs du temps de la Reine Anne au lieu de les encourager à lire les œuvres populaires actuelles et les journaux qui leur donneraient un style plus naturel. Se moquer d'eux parce qu'ils emploient l'anglais que vous-mêmes leur avez enseigné n'est pas sage de la part d'un peuple fier et ardent. Puis-je dire aussi que, d'un autre côté, si l'Hindou ne parle pas aussi haut que l'Anglais, il ne témoigne pas moins de mépris pour la façon dont les Anglais parlent l'Hindoustani, le Bengali, le Tamil, le Telegu et tous les autres idiomes en usage dans l'Inde. En parlant ces langues, les Anglais ne cessent de commettre les plus graves erreurs, d'employer des phrases les plus absurdes, et, bien que l'Hindou ait toujours une attitude polie et courtoise et ne rira jamais à la face de l'Anglais qui massacre sa langue, il n'en est pas moins vrai qu'une fois rentré chez lui, il ne se gêne pas pour rire et faire maintes plaisanteries sur la façon dont certains fonctionnaires anglais haut placés parlent sa langue natale, et j'en ai été moi-même témoin de cela.

Il est un fait certain, c'est que l'Hindou cultivé — non pas celui qui n'a qu'une demi-culture, — parle un anglais bien plus pur et bien meilleur que l'Anglais de moyenne éducation. Il ne parle pas l'argot, il ne recueille pas toutes les abréviations de langage qui sont de mode pour le moment ; non, il parle un anglais pur, classique et naturel ; et si vous avez la chance d'entendre un orateur hindou qui soit éloquent, même en parlant votre langue, vous aurez une idée des capacités de ce peuple, en cette matière, capacités dont certains écrivains ignorants se raillent, car alors vous entendrez parler votre langue, avec une pureté et une beauté qui, si ces qualités pouvaient être transplantées au Parlement anglais, rendraient les débats qu'on y fait moins secs et moins monotones que ceux qu'on y entend actuellement.

Il est vrai qu'il y a dans l'Inde un mécontentement à peu près général, mais ce mécontentement, pleinement justifié, est gros de conséquences. Quelles en sont les causes ? Les Anglais sont allés aux Indes et ont dit au peuple : « Voyez quel beau peuple nous sommes ! combien nous sommes prospères, combien nous sommes riches, combien nous sommes plus puissants que vous ! Pourquoi ne prenez-vous pas exemple sur nous ? » Vous leur avez appris votre histoire, y compris la décapitation de Charles Ier. Vous leur avez présenté votre constitution avec tout le jargon usité pour les taxes sans représentation, et tout le reste ; vous avez élevé les jeunes gens, au temps où ceux-ci sont le plus malléables, dans l'idée que la liberté anglaise, la constitution anglaise, les mœurs anglaises, le Gouvernement anglais, pouvaient servir de modèle au monde civilisé tout entier. Eh bien, voici de longues années que vous leur parlez ainsi, et, tout naturellement, ils se sont tournés vers vous et vous ont dit : « Puisque tout cela est si bon pour vous, pourquoi ne le serait-ce pas pour nous ? Si toutes ces choses ont contribué à vous rendre le peuple superbe que vous êtes, ne pouvons-nous recueillir quelques miettes de ce même pain, de façon à ce que nous, à notre tour, puissions devenir un peuple plus grand que nous ne le sommes aujourd'hui? » En cela, ils n'ont fait que répéter ce que leur avaient appris leurs instructeurs, et quand un beau jour, ils sont venus demander à être représentés, de participer, dans une faible mesure, aux affaires du Gouvernement de leur pays, quand ils ont demandé que les postes du service exécutif et du service judiciaire leur soient ouverts, qu'il leur soit permis de prendre un intérêt effectif dans les affaires publiques et que leurs avis soient entendus, que leur répond-on? L'Anglais se lève d'un bond et crie : « Révolte, rébellion, anarchie », et tous les termes susceptibles d'effrayer le peuple chez lui; et on ne sait pas combien ces termes sont exagérés quand ils arrivent chez vous, après avoir traversé l'Océan, pour frapper les oreilles anglaises. Cependant, personne n'est plus modéré, dans ses revendications, que le nationaliste hindou ordinaire. Certes, il y a, parmi les mécontents, des gens qui portent tout à l'extrême; mais la grande erreur commise depuis bien longtemps déjà dans l'Inde a été de classer dans le même groupe ceux qui sont littéralement des anarchistes et ceux qui ne font que réclamer de légères réformes constitutionnelles.

Ce ne fut que lorsque Lord Minto vint, qu'il

se refusa de se laisser effrayer par les bombes en différant la faible mesure de justice qui fut accordée, ce ne fut que lorsqu'il rendit possible au parti nationaliste de se séparer des anarchistes, que l'on put enfin constater combien peu important était le parti de la révolte. Mais le mécontentement originel est un de ceux qui méritent d'être considérés ici sérieusement et qui mérite la sympathie, car il n'exprime que le désir d'un grand peuple intellectuel qui veut réaliser sa propre nationalité et ne pas se sentir des étrangers dans leur propre pays. Rappelez-vous que c'est vous qui avez rendu possible aux Hindous de se constituer en nation. Il n'y avait pas de nation dans l'Inde avant que les Anglais n'y vinssent, on n'y voyait que des États sans cesse en guerre les uns contre les autres, l'un dominant aujourd'hui, un autre demain ; pas de nation hindoue, pas de langue commune, pas d'unité dans le peuple. Aujourd'hui, le sentiment d'une nationalité hindoue a surgi graduellement et lentement, et vous ne pouvez l'arrêter ; la langue anglaise est devenue la langue ordinaire dans l'Inde tout entière, si bien que les gens du Nord, dans le Punjab, qui ne pouvaient communiquer avec ceux de Mysore dans le Midi, leurs idiomes étant totalement différents, peuvent aujourd'hui se réunir dans des congrès et des conférences, la langue anglaise étant devenue celle au moyen de laquelle ils arrivent tous à se comprendre. Et le fait d'avoir un langage commun est un facteur important pour arriver à édifier une nationalité commune, car ce n'est que lorsque les hommes pourront échanger librement leurs idées qu'il leur sera possible de s'ériger en une nation unie.

Puis, en plus de cela, le fait que vous avez imposé la paix à un certain nombre d'États toujours en guerre a eu, pour conséquence, de faire surgir chez les Hindous le sentiment de nationalité et de rendre ce sentiment graduellement stable. Lorsque les peuples sont occupés à combattre les uns contre les autres, ils ne pensent qu'à ce qui les divise et le bien commun est oublié. De tous ceux qui ont gouverné l'Inde, il n'y en a pas un seul, sauf peut-être le grand Akbar, qui ait eu l'idée de faire l'unité de l'Inde et qui ait essayé de poser des bases dans ce but. Cette unité de l'Inde eût pu être réalisée si ses successeurs avaient eu la même largeur de vue ; mais, dans ce pays, le sentiment de séparativité entre provinces est très puissant. Nous avons pu constater le fait dans notre

Central Hindu College[1] où les jeunes gens viennent des diverses provinces de l'Inde. Il y a eu pendant longtemps un antagonisme très marqué entre ceux qui venaient du Bengale, des Hautes-Indes, et ceux qui venaient du Panjabi et autres provinces. Depuis bien des années nous nous sommes efforcés de faire comprendre à nos jeunes gens qu'ils sont plutôt hindous qu'habitants de telle ou telle province particulière, et, graduellement le sentiment de nationalité a grandi, l'antagonisme tend à disparaître ; bien que je ne puisse dire qu'il a complètement disparu, on peut néanmoins prévoir que nous n'aurons bientôt plus que des Hindous, et non des jeunes gens appartenant aux provinces de Punjab, des Hautes-Indes, du Bengale ou de Madras, et que ce même sentiment naîtra dans le cœur de tous les étudiants.

Puis surgit une autre cause à l'agitation soulevée dans le pays, cause qui est la source de toute l'amertume ressentie, comme de l'élément du mal : c'est la façon dont l'Anglais traite l'Hindou. Vous savez que lorsque l'Hindou vient en Angleterre, il est absolument surpris de voir que le peuple anglais est en somme un peuple

1. Voir « *Le Théosophe* » *illustré*. Décembre 1911. (N. d. T.).

convenable. Quand il voit par lui-même ce que vous êtes dans vos habitudes, dans votre pays, dans vos *homes*, il se rend bien vite compte que l'Anglais qu'il a connu est absolument différent de l'Anglais en Angleterre. Les Hindous constituent un peuple plein de dignité et de courtoisie. Un Hindou ne se permet pas de contredire grossièrement une autre personne, il se contente de suggérer que l'affaire en question pourrait être envisagée sous un autre jour. Un jeune homme ne parlera jamais durement à quelqu'un de plus âgé que lui, et gardera le silence si ce dernier n'est pas d'accord avec lui. On peut dire que le type de la nation est essentiellement aristocratique et non démocratique. Et, lorsque, d'après les résultats de vos concours, vous envoyez dans les Indes des jeunes gens qui n'ont jamais de leur vie donné des ordres, même à un serviteur, de façon à apprendre la courtoisie ordinaire du langage que nous employons dans les *homes* anglais ; quand un jeune homme de ce genre, — grossier dans son attitude, sec dans sa parole, — est placé à la tête d'un grand nombre de gentlemen hindous dont l'attitude est toujours digne, courtoise et pleine de déférence, il s'ensuit une source vive de mécontentement, alimentée par l'outrage fait aux sentiments et à la dignité offensés.

Il va sans dire que cela n'est pas général. Il y a, dans l'Inde, des fonctionnaires civils qui commandent la sympathie par leur amabilité, la distinction de leurs manières, et qui sont de vrais gentlemen anglais; mais il suffit qu'un seul se montre sous un aspect brutal pour que l'œuvre d'un millier d'autres, qui sont courtois et polis, se trouve compromise.

Il y a aussi une autre chose qui cause une divergence dans les caractères. Un Anglais parlera à un autre Anglais d'un ton bref et rapide, mais s'il parle de même à un Hindou, celui-ci suppose de suite qu'on veut l'injurier; — il y a là une fausse interprétation de la part de l'Hindou. L'un de vous, étant pressé, parlera d'un ton qui peut paraître rude à un Hindou, et si vous vous adressez ainsi à celui-ci, il pensera de suite que vous avez l'intention de l'insulter et que c'est l'orgueil qui vous fait agir. En général, je ne crois pas parler moi-même d'un ton rude ; malgré cela, je vous assure que dans l'Inde, je me suis efforcée bien souvent, d'adoucir ma voix beaucoup plus que si je parlais à un Anglais; j'ai parlé plus lentement, plus doucement, employant plus de circonlocutions dans le but d'effacer le sentiment instinctif de l'Hindou lequel s'imagine que tout Anglais qui lui adresse la parole veut à tout prix le gouverner et le dominer.

Il y a pire que cela encore : il y a non seulement rudesse de ton, mais encore violences. Vous ne pouvez ici vous faire une idée de la brutalité exercée dans l'Inde, par les Anglais. L'autre jour, un professeur éminent d'Amérique, étant venu me voir, me raconta comment il avait été indigné de faits qu'il avait vus dans une rue de Calcutta pendant les quinze minutes qu'il était resté à la fenêtre de l'hôtel où il était descendu. Un *policeman* frappa plusieurs fois de sa canne un jeune garçon qui ne pouvait se dépêtrer d'un bloc de bois. Deux hommes furent battus parce qu'ils encombraient la voie. Un passant fit tomber un cocher de son siège et lui donna des coups de pied. Ce qui avait donné lieu à ces brutalités, on ne peut le savoir ; mais ce qu'il y a de sûr, c'est qu'aucun Anglais n'oserait jamais se conduire ainsi avec un cocher anglais, tout grossier que puisse être ce dernier, mais il se conduit ainsi avec un Hindou et c'est là qu'est le tort. Les domestiques hindous, ou ceux qui se trouvent dans une situation inférieure, sont souvent frappés et reçoivent des coups de pied. Il y a quelque temps, à Madras, un Anglais étant sur sa bicyclette, renversa un vieillard qu'il frappa ensuite parce que celui-ci s'était mis sur son chemin. Ce sont là des faits assez rares ici. Il n'y a pas bien longtemps, je rencontrai un gentleman hindou, riche propriétaire, qui, passant près d'un officier anglais à cheval, n'avait pas salué celui-ci ; pourquoi l'aurait-il salué puisqu'il ne le connaissait pas ? Eh bien, cet officier descendit de son cheval et cingla l'Hindou de sa cravache. Ce sont là des faits qui peuvent vous expliquer ce violent sentiment de mécontentement dont vous avez occasionnellement entendu parler. Pouvons-nous vraiment nous attendre à autre chose ?

Dans mes vieux jours, je suis une amante de la paix ; cependant, j'ai bien souvent dit, dans l'Inde, que l'on devrait, dans toutes les écoles hindoues, consacrer une partie du temps à entraîner physiquement les jeunes gens et leur apprendre à se défendre eux-mêmes dans le cas où ils seraient injuriés ou insultés, puisque aucune loi n'intervient et que l'opinion publique n'est pas assez puissante pour modifier cet état de choses ; le seul moyen d'y remédier, c'est que l'Hindou apprenne à rendre les coups lorsqu'il est frappé, et c'est là de la bonne moralité pour le citoyen, mais pas pour le saint. Mais le citoyen ordinaire ne peut être un saint, il n'est pas arrivé à un stade de l'évolution où la sainteté lui est accessible ; et il est nécessaire que, dans l'Inde, l'Hindou montre bien qu'il ne veut pas se soumettre aux outrages auxquels il est sans cesse exposé. La chose est pire encore dans le Sud que dans le Nord du pays, les habitants du Sud étant de mœurs plus douces. Un Panjabi ne serait pas traité aussi durement, car on sait qu'il saurait bien riposter.

Quand vous entendez parler d'agitation et de violence, il est bon, avant de pouvoir juger, que vous connaissiez les conditions dans lesquelles vivent ces peuples. Il n'y a pas de cœur plus facile à gagner que le cœur de l'Hindou ; il montre la plus vive gratitude pour le moindre service rendu et qui, souvent, ne le mérite pas Tout fonctionnaire dont la conduite est humanitaire, est aimé et honoré de tous ceux au milieu desquels il vit. Le fait que ces fonctionnaires sont nombreux devrait faire que le Gouvernement anglais soit possible dans les Indes. Il n'y a vraiment aucune difficulté dans ce pays, sauf celles que nous nous créons à nous-mêmes ; et si l'Angleterre devait perdre l'Inde

— mais j'ai bon espoir qu'elles seront encore ensemble pendant bien des siècles, convaincue que je suis qu'elles ne peuvent se passer l'une de l'autre dans l'avenir — si donc l'Angleterre devait perdre l'Inde un jour, ce sera la faute de l'Angleterre, parce qu'elle n'aura pas su comment gagner le cœur de l'Hindou.

Prenez Lord Minto. Ici, cet homme n'est pas apprécié à sa juste valeur. Et pourtant, il a fait, pour détruire les mauvais effets de la vice-royauté de Lord Curzon, plus qu'on n'aurait eu le droit d'attendre de lui pendant le court espace de temps de son gouvernement. Génial, sympathique, accueillant pour tous, son attitude était exactement la même, soit qu'il eût affaire à un Anglais ou à un Hindou. Et il y a quelques hommes comme cela dans l'Inde, des hommes occupant une situation élevée, bien qu'aucun ne soit réellement aussi éminent que lui. S'il était possible de trouver ici un moyen de faire suivre à vos jeunes gens des cours de bonnes manières avant de les envoyer dans l'Inde, ce serait là un facteur important pour éteindre la haine provoquée bien souvent par le manque de réflexion et de courtoisie. Car, en général, ces jeunes gens ont le sentiment de justice et d'équité, sauf quand il s'agit de leurs compatriotes. Même dans les Hautes Cours de justice cela serait une exception injuste. Dans les Cours inférieures, on se débarrasse en général bien vite d'une affaire lorsqu'il s'agit d'une plainte faite par un Hindou contre un Anglais, il n'en est pas ainsi dans les Hautes Cours. Les juges attachés à celles-ci sont rigoureusement justes, même s'ils ont affaire à des gens de race différente ; et c'est la justice anglaise qui est l'arc-boutant du Gouvernement dans l'Inde.

Une autre difficulté qui se pose dans ce pays, c'est de savoir si le peuple arrivera à participer à l'œuvre gouvernementale en ce qui concerne les questions de moindre importance. Les municipalités, par exemple, sont loin d'être satisfaisantes. Là, le peuple a le droit d'élection. Les membres du Conseil municipal sont élus. Le percepteur, qui est un Anglais, est président du Conseil, et ceci offre l'inconvénient que toujours et toujours l'Hindou sera de l'avis de l'Anglais, non pas qu'il soit d'accord avec lui, mais parce qu'il n'ose pas lui faire opposition. Mais, me direz-vous, ceci est une lâcheté ! C'est là un terme bien dur si on veut approfondir les choses. Oui, c'est de la lâcheté dans un certain sens ; mais être brave dans les conditions telles qu'elles existent, ce serait de l'héroïsme. Car si vous faites de l'opposition à l'homme qui est immédiatement au-dessus de vous, c'est vous créer toutes sortes de difficultés dans votre vie journalière, dans votre confort, dans vos allées et venues ordinaires. Avoir une marque noire, en marge de votre nom, dans les registres d'un fonctionnaire public, c'est une chose très, très sérieuse dans l'Inde. C'est risquer de passer comme faux témoin dans le monde de la police ; ce sont des bruits mensongers qui peuvent causer la ruine d'un homme. C'est chose facile que de qualifier un homme de lâche, mais il faut connaître les conditions dans lesquelles vit cet homme avant de le juger sous ce jour ; et lorsque je parle à des Hindous, je leur dis : « Vous devez apprendre à maintenir votre opinion, à vous tenir sur votre propre terrain ; pourquoi vingt hommes s'inclineraient-ils devant la volonté d'un seul ? » Quand je parle ici à des Anglais et non à des Hindous, je dis que leur devoir est de comprendre que le franc-parler ne doit pas entraîner pour ceux qui en usent, la ruine sociale et commerciale, et que, jusqu'au jour où ce danger sera évité, il ne faut pas blâmer le silence que garde l'Hindou là où son devoir serait de parler.

Il y a, du côté des Hindous, une autre difficulté. Celle-ci consiste en ce qu'ils n'ont pas l'habitude de la liberté. Ils n'ont pas été élevés, comme vous, durant des siècles et des siècles, devenant un peu plus libres à mesure que chaque siècle s'écoulait ; non ! ils ont été mis soudainement en face de cette liberté et ils n'ont pas encore eu le temps de distinguer et de comprendre que, si un homme doit être citoyen, il doit se livrer à un travail pénible, et que, remplir des fonctions publiques, c'est le sacrifice de soi-même, donner tout son temps, tout son travail et sa pensée à des affaires qui ne peuvent lui rapporter aucun bénéfice. Il nous faut donc persuader nos jeunes Hindous qu'ils doivent assumer le travail de la vie municipale, saisir les affaires intéressant la municipalité et s'entraîner ainsi dans la voie plus élevée de la vie politique. Il leur faut se précipiter subitement dans l'état de citoyen, et ils n'en connaissent pas encore les devoirs, bien qu'ils en réclament les droits. Mais les plus sages d'entre eux, les plus instruits, ceux qui sont remplis de bonne volonté, ceux-là sont tout prêts et anxieux de connaître les moyens de rendre service à leur pays. Vous avez dans l'Inde un certain nombre d'hommes d'une intelligence remarquable, ayant toutes les capacités de l'homme d'État et ayant gagné toutes les sympathies, et si l'Angleterre voulait seulement les faire entrer dans ses délibérations et les traiter en amis et en égaux, et non pas en des inférieurs, vous verriez bientôt le mécontentement disparaître, car ils se rendent bien compte qu'ils ont encore besoin de l'Angleterre, et qu'il est de leur intérêt de rester avec elle.

En dehors de cela, la question économique est, dans l'Inde, d'une importance capitale. Les enfants des classes élevées commencent lentement et graduellement à comprendre qu'il n'y a rien de dégradant à entrer dans la vie industrielle et manufacturière. Lentement et graduellement aussi, ils commencent à voir qu'il n'est pas absolument nécessaire d'être avocat ou médecin, qu'un homme peut être manufacturier, ou travailler de ses mains, sans rien perdre de son savoir-vivre, sans déchoir dans l'opinion sociale. Il y a eu dans l'Inde de grands préjugés contre le travail manuel. On croyait qu'il ne convenait qu'aux classes les plus basses de la population. Mais cette idée tend à s'effacer, et s'il est possible — comme cela semble le devenir — d'orienter lentement et graduellement les esprits éclairés de l'Inde dans la voie économique, de façon à ce qu'ils puissent comprendre, non pas votre économie politique telle qu'elle est appliquée en Angleterre, mais les vrais principes de l'offre et de la demande adaptés à l'Inde; — si cette opinion peut s'étendre, et si le mouvement pour créer des manufactures dans le pays pouvait être séparé de la politique et considéré seulement comme relevant purement du domaine économique, comme cela devrait être, cela ferait peut-être plus pour développer la prospérité de l'Inde que toute autre chose. L'opposition faite au « Svadeschi » — ce qui signifie le propre pays de chacun, fabriquer tout ce que l'on peut fabriquer sur son propre terrain — devient inutile en tant qu'arme politique employée par des anarchistes peu scrupuleux. Le progrès commercial de l'Inde est vivement désiré par les fonctionnaires anglais de l'Inde et il est franchement admis qu'il y a, sous ce rapport, grandement matière à mécontenter l'Inde. L'Inde récolte du coton, l'exporte en Angleterre d'où il lui revient en tissu. Si elle était justement traitée, au point de vue économique, si elle n'était pas sacrifiée à Manchester et au comté de Lancastre, comme elle l'est aujourd'hui en ce qui concerne la question de manufacture, là encore vous toucheriez à l'une des sources du mécontentement provoqué chez les Hindous, mécontentement né de leur pauvreté. Instruction, liberté politique, liberté économique, telles sont les choses que l'Inde réclame aujourd'hui. L'Angleterre peut les lui donner, et, seule, elle peut les lui donner quant à présent, et, ce faisant, s'attacher le cœur des Hindous pour de nombreux siècles à venir.

Un point qu'il convient de rappeler, bien que ceci puisse provoquer vos moqueries, c'est que, dans l'Inde, l'attraction personnelle joue un très grand rôle dans la vie et la mentalité du peuple. Une fois déjà, parlant en Angleterre il y a de nombreuses années, je me risquai à dire que le mode actuel de nommer un vice-roi, de le changer tous les cinq ans, de désigner pour ce poste celui qu'un parti politique veut récompenser et envoyer cet homme dans l'Inde, n'était pas précisément un moyen de s'assurer la fidélité des Hindous. L'Hindou est naturellement fidèle à une personne, et c'est cela qu'on a malheureusement oublié ici; pour lui, un vice-roi que l'on change constamment n'est plus qu'un commis principal attaché au mécanisme gouvernemental qui vient et s'en va tous les cinq ans. Si vous envoyiez là-bas un des membres de la famille royale, vous verriez combien ce fait entrerait en ligne de compte pour vous attirer le cœur des Hindous. On ne peut pas s'imaginer quelle influence la Royauté exerce dans l'Inde et quel amour suscite la personnalité du gouvernant. L'Inde n'est pas encore assez anglicanisée, bien que quelques-uns de ses enfants le soient profondément, pour avoir perdu ses anciennes croyances dans le droit divin des rois; et si, au lieu de vous poser en doctrinaires, vous consentiez à être des hommes d'État et que vous utilisiez les qualités qui y sont afférentes, vous enverriez là-bas un de vos Princes qui attirerait autour de lui les princes hindous et ferait sentir au peuple qu'il a un Gouvernement auquel participent leurs anciens chefs. Ces princes hindous ne s'inclinent devant un vice-roi qu'extérieurement; au fond d'eux-mêmes, eux dont les générations remontent à des milliers d'années en arrière, se trouvent blessés de voir au-dessus d'eux un Anglais quelconque dont ils n'ont jamais peut-être entendu parler auparavant. Une des choses qui ont le plus offensé au Durbar de Delhi, fut que le duc de Connaught devait jouer le second violon avec Lord

Curzon. Pour les Anglais, la chose était toute naturelle, Lord Curzon étant le représentant de la Couronne Impériale ; mais pour les Hindous, c'était là une faute grave, car un sang royal coulait dans les veines du Duc alors que Lord Curzon n'était qu'un noble. Le résultat fut que quelques-uns des chefs hindous, les plus fiers, se dirent gravement malades au moment où devait avoir lieu le Durbar de Delhi ; l'un d'eux, que je connais, et qui y fut emmené de force, fut pris d'une fièvre maligne le jour où il devait aller rendre hommage à Lord Curzon. Des hommes qui peuvent remonter au delà des archives historiques, à une lignée ininterrompue de Rois, éprouvent un sentiment qui les empêche de s'incliner devant un représentant du Gouvernement anglais qui leur arrive un beau jour et qui les quitte quelques années ensuite. Vous manquez de bon sens et de sympathie comme nation ; vous croyez que ce qui vous convient, à vous, doit convenir à tout le monde. Mais il n'en est pas ainsi. Vous croyez aussi que les autres doivent aimer ce que vous, vous aimez ; mais cela non plus n'est pas vrai. Si vous pouviez comprendre la mentalité hindoue, il vous serait alors facile de gouverner l'Inde, mais jusqu'ici vous n'y avez guère réussi. Là encore Lord Minto a bien manœuvré. Il a demandé l'avis des Princes; il leur a demandé conseil sur des questions qui les intéressaient eux et leur peuple ; il leur a fait sentir que leur voix avait du poids dans les décisions du Gouvernement. Leur pouvoir est beaucoup plus grand que vous ne pensez. Un homme d'État doit utiliser toutes les particularités du peuple, si vous le voulez, mais se rappeler en même temps que celui-ci change trèsrapidement; que si vous n'essayez pas d'angliciser trop rapidement, que si vous donnez ce que vous avez à donner, sans imposer vos mœurs et vos coutumes, qui ne sont pas toujours dignes d'admiration, vous pouvez alors édifier une Angleterre plus forte, une Inde plus forte, car l'Inde a beaucoup à enseigner aussi bien qu'à apprendre.

Notre président a parlé de l'âme de l'Inde ; or c'est par elle que vous atteindrez facilement son peuple. Dans l'Inde, ignorer la religion est une faute. Il existe bien un faible parti d'hommes n'ayant aucune idée religieuse, mais il est comme un grain de sable au sein des millions incalculables que compte le peuple hindou. Pénétrer l'Inde tout entière de sympathie religieuse serait d'un grand appoint pour attirer l'Inde plus près de vous. Il ne faut pas songer à la christianiser, vous n'y arriverez jamais ; le rêve que fait le missionnaire de vouloir rendre l'Inde chrétienne est un rêve dont les hommes reviennent lentement ; mais on devrait insister sur les points de contact existant entre les diverses religions, et ceci devrait entrer dans les programmes d'éducation des collèges et des écoles. Je sais qu'ici on est plutôt favorable à l'éducation séculaire que vous n'avez jamais eue et dont vous ne connaissez pas les résultats. Elle existe en Nouvelle-Zélande et l'éducation de la jeunesse de ce pays est un problème à résoudre : courses, jeu, absence de contrôle et de soumission. Si la démocratie doit vivre, il faut qu'elle soit édifiée par des citoyens qui savent se contrôler eux-mêmes, et ce n'est que lorsque les hommes auront appris cette leçon qu'ils seront aptes à user de la liberté. C'est une leçon que l'Angleterre doit apprendre aussi bien que ses colonies. Elles sont grandes et fortes, mais les jeunes sont chez elles ce qu'il y a de moins satisfaisant.

L'Australie a donné droit de vote à chaque homme ou chaque femme âgé de vingt et un ans, en ce qui concerne le Parlement fédéral, mais ces jeunes gens se préoccupent bien plus du foot-ball d'un côté, et des chapeaux de l'autre, que des problèmes d'économie et de politique sur lesquels repose un bon Gouvernement. Jusqu'à ce que la jeunesse ait acquis le sentiment de responsabilité, elle n'est pas apte à gouverner. Dans l'Inde, l'idée de dresser la jeunesse avant qu'un pouvoir lui soit conféré commence à disparaître, et elle ne renaîtra qu'au moyen de la religion et de la moralité scientifique.

L'Inde a beaucoup à vous donner dans le domaine religieux. Elle peut vous donner une religion scientifique telle que vous avez à peine pu la rêver. Ici la religion n'est bien souvent qu'une croyance aveugle ou une extase émotionnelle. Dans l'Inde, la religion est intellectuelle et scientifique. La psychologie hindoue fait partie de la religion hindoue. L'Inde comprend le mental et l'esprit et sait comment ceux-ci peuvent être développés et entraînés. De ce que l'Orient et l'Occident diffèrent en cela, de ce que la science occidentale est concrète, une science limitée au monde physique, et que l'Inde est scientifique dans sa religion et porte sa science dans le domaine de la psychologie, plutôt que dans le domaine de la physique : à cause de tout cela, l'Angleterre et l'Inde peuvent être les deux parties d'un seul tout, chacune pouvant donner ce qui manque à l'autre. L'Inde peut faire ici, de la religion, une puissance devant laquelle s'inclinera l'intellect ; l'Angleterre peut enseigner à l'Inde la science pouvant procurer la prospérité matérielle, le bien-être matériel. L'un de ces pays séparé de l'autre serait semblable à l'homme qui a perdu un bras. Un peuple qui n'a qu'un bras ne s'élèvera jamais à la hauteur de la destinée réservée, je le crois, à l'Angleterre et à l'Inde réunies en affection et sympathie. L'Inde vous était nécessaire comme vous êtes nécessaires à l'Inde ; vous pouvez apprendre d'elle tout autant qu'elle peut apprendre de vous. Mais la première chose dont il faut bien se rendre compte, c'est qu'il n'y a ni conquérants, ni conquis, mais que tous sont les citoyens d'un Empire commun, tous faisant partie d'un peuple impérial. Et lorsque l'Angleterre aura reconnu cela dans l'Inde, et que l'Inde aura senti qu'elle est une amie et non pas seulement une sujette, alors le peuple indien sera pour vous un rempart, tandis qu'autrement il sera toujours un sujet de danger. Au jour de péril, l'Inde sera votre meilleure amie si vous lui donnez votre sympathie, si vous la laissez grandir aujourd'hui en toute liberté. Mais si vous la maintenez trop longtemps en arrière, si vous ne voulez pas entendre ses raisons, et que vous méprisiez ses appels à la liberté, alors, à l'heure du danger elle sera votre plus grande ennemie ; et la nation qui, justement traitée, aurait constitué le rempart de votre futur, deviendra une mine remplie de poudre sous les fondations de votre Empire. Car la puissance est entre vos mains et, par conséquent, la responsabilité.

FIN

TABLE DES MATIÈRES

A LIRE

ANNIE BESANT. —	*Les Lois fondamentales de la Théosophie*	1 50
—	*Le Monde de Demain* . . .	3 »
—	*Mélanges Théosophiques* (suite au *Monde de Demain*) . .	2 »
—	*Etude sur la Conscience* . .	3 »
—	*Le Pouvoir de la Pensée* . .	1 50
—	*Précis universel de Religion et de Morale*	2 »
—	*Pourquoi je devins Théosophe*	0 75

C.-W. LEADBEATER. —	*Le Plan astral*	1 50
—	*Le Plan mental* . . .	1 50
—	*Clairvoyance*.	1 50
—	*Echappées sur l'Occultisme*	3 »
—	*L'Autre Côté de la Mort.*	4 »
—	*L'Occultisme dans la Nature*, tome I . . .	6 »
AIMÉE BLECH. —	*Ombres et Lumières* (contes et nouvelles théosophiques). .	3 50

SOCIÉTÉ THÉOSOPHIQUE

Quartier général :

Adyar, Madras (Indes Anglaises)

La Société Théosophique (fondée en 1875, par H.-P. Blavatsky et H.-S. Olcott) a pour objet :

1° De former un noyau de Fraternité dans l'humanité sans distinction de sexe, de race, de rang ou de croyance.

2° D'encourager l'étude des religions comparées, de la philosophie et de la science.

3° D'étudier les lois inexpliquées de la nature et les pouvoirs latents dans l'homme.

L'adhésion au premier de ces buts est seule exigée de ceux qui veulent faire partie de la Société.

La Société théosophique se compose d'étudiants appartenant, ou non, à une religion reconnue. Tous ses membres ont approuvé, en y entrant, le premier, au moins, des trois buts qu'elle poursuit ; tous sont unis par le même désir de supprimer les haines de religion, de grouper les hommes de bonne volonté, quelles que soient leurs opinions, d'étudier les vérités enfouies dans l'obscurité des dogmes, et de faire part du résultat de leurs recherches à tous ceux que ces questions peuvent intéresser. Leur solidarité n'est pas le fruit d'une croyance aveugle mais d'une commune aspiration vers la vérité qu'ils considèrent, non comme un dogme imposé par l'autorité, mais comme la récompense de l'effort, de la pureté de la vie et du dévouement à un haut idéal. Ils pensent que la foi doit naître de l'étude ou de l'intuition, qu'elle doit s'appuyer sur la raison et non sur la parole de qui que ce soit.

Ils étendent la tolérance à tous, même aux intolérants, estimant que cette vertu est une chose que l'on doit à chacun et non un privilège que l'on peut accorder au petit nombre. Ils ne veulent point punir l'ignorance, mais la détruire. Ils considèrent les religions diverses comme des expressions incomplètes de la Divine Sagesse et, au lieu de les condamner, ils les étudient.

La Théosophie peut être définie comme l'ensemble des vérités qui forment la base de toutes les religions. Elle prouve que nulle de ces vérités ne peut être revendiquée comme propriété exclusive d'une Eglise. Elle offre une philosophie qui rend la vie compréhensible et démontre que la justice et l'amour guident l'évolution du monde. Elle envisage la mort à son véritable point de vue, comme un incident périodique dans une existence sans fin et présente ainsi la vie sous un aspect éminemment grandiose. Elle vient, en réalité, rendre au monde l'antique science perdue, la *science de l'Ame*, et apprend à l'homme que l'âme c'est lui-même, tandis que le mental et le corps physique ne sont que ses instruments et ses serviteurs. Elle éclaire les Ecritures sacrées de toutes les religions, en révèle le sens caché, et les justifie aux yeux de la raison comme à ceux de l'intuition.

Tous les membres de la Société théosophique étudient ces vérités, et ceux d'entre eux qui veulent devenir Théosophes, au sens véritable du mot, s'efforcent de les vivre.

Toute personne désireuse d'acquérir le savoir, de pratiquer la tolérance et d'atteindre à un haut idéal, est accueillie avec joie comme membre de la Société théosophique.

A la *Société Théosophique*, dont le Quartier Général est à Adyar, près Madras (Indes Anglaises) se rattachent les différentes Sociétés (théosophiques) nationales, entre autres la

SOCIÉTÉ THÉOSOPHIQUE DE FRANCE

59, *avenue de La Bourdonnais, Paris.*

dont le siège est ouvert tous les jours de la semaine, de 3 à 6 heures.

Prière de s'y adresser pour tous renseignements.

Si on le préfère, on pourra s'adresser à l'une quelconque des autres sociétés (théosophiques) nationales, dont voici les adresses :

Angleterre : 106, New Bond street, Londres, W.
Pays-Bas : 76, Amsteldjik, Amsterdam.
Italie : 1, Corso Dogali, Gênes.
Scandinavie : 7, Engelbrechtsgatan, Stockholm.
Indes : Theosophical Society, Benarès, N. W. P.
Australie : 132, Phillip Street, Sydney, N. S. W.
Nouvelle-Zélande : 351, Queen Street, Auckland.
Allemagne : 17, Motzstrasse, Berlin, W.
États-Unis : 103, State Street, Chicago.

Amérique centrale: Apartado 365, La Havane, Cuba.
Hongrie : Andrassy Utç 70, Budapest VI.
Finlande : Pekka Ervast, Agelby.
Russie : 22, Ivanovskaya, Saint-Pétersbourg.
Bohême : Kr. Vinohrady, Cermakova 4 III, Prague.
Afrique du Sud : P. O. Box 1012, Johannesburg, Transvaal.
Ecosse : 28, Great King street, Edimbourg.
Suisse : 7, Cours Saint-Pierre, Genève.
Belgique : 58, Chaussée d'Ixelles, Bruxelles.

Agents présidentiels.

Pour l'Espagne : M. J. Xifré, 4, rue Aumont-Thiéville, Paris, XVIIe.
Pour l'Amérique du Sud : M. F. W. Fernandès, 2415, Avellaveda, Buenos-Ayres.

CONFÉRENCES ET COURS

SALLE DE LECTURE — BIBLIOTHÈQUE

Au siège de la Société : 59, avenue de La Bourdonnais, Paris.

Le Siège de la Société est ouvert tous les jours de la semaine de 3 à 6 heures. Prière de s'y adresser pour tous renseignements.

MAYENNE, IMPRIMERIE CHARLES COLIN

www.ingramcontent.com/pod-product-compliance
Lightning Source LLC
Chambersburg PA
CBHW070620170426
43200CB00010B/1866
9782012825598